ES LEBE DER RUNDE TISCH!

Ja, das waren noch Zeiten, als wir sonntäglich gepunzt und ausstaffiert unter Murren zum Sonntagsbraten bei oder mit Oma und Opa verdonnert wurden. Regelmäßig gab es guten Braten mit Sauce und Kartoffeln, Nudeln oder Knödeln, damit auch alle satt wurden. Der Sonntagsbraten sollte für die weniger gehaltvolle, einfachere Wochenkost entschädigen und vor allem die ganze Familie am runden (oder eckigen) Tisch zusammenbringen. In Zeiten der Single-Haushalte, Zweit- oder Dritttehen und Patchwork-Familien sieht das alles anders aus, eins wird sich jedoch nie ändern: Wir versammeln immer noch, was uns lieb ist, zu einem gemütlichen Essen um den Tisch – und das nicht nur am Sonntag! Dank eines reichhaltigen Nahrungsmittelangebots im Geschäft oder auf dem Wochenmarkt sind unserer Kreativität am Herd eigentlich keine Grenzen gesetzt, und auch den Kids macht es immer öfter Spaß, statt in die Töpfe zu gucken, selbst drin rumzurühren. An Rezeptangeboten und Ideen mangelt es weiß Gott nicht. Und wir sorgen dafür, dass das so bleibt.

Ihre Redaktion **»essen & trinken Für jeden Tag«**

Pikanter Kürbiskuchen

Mediterran und leicht: Mit getrockneten Tomaten, Mozzarella und Thymian kommt der Kürbis groß raus

FÜR 4–6 PORTIONEN:

250 g Mehl

125 g kalte Butter in kleinen Stücken

3 Eier (Kl. M)

Salz

getrocknete Hülsenfrüchte zum Blindbacken

400 g Hokkaido-Kürbis

25 g getrocknete Tomaten (in Öl, abgetropft)

125 g Mozzarella

150 g Doppelrahm-frischkäse

100 ml Milch

2 Tl gehackter Thymian

Pfeffer

1 Mehl, Butter, 1 Ei, 1 Prise Salz und 2 El kaltes Wasser mit den Knethaken des Handrührers zu einem glatten Teig verkneten. Zwischen Klarsichtfolie rund ausrollen (ca. 32 cm Ø) und eine gefettete Tarte- oder Springform (26 cm Ø) damit auslegen. Überstehende Teigränder rundum abschneiden, den Boden einige Male mit einer Gabel einstechen und 20 Min. kalt stellen.

2 Den Teig mit Backpapier bedecken und mit getrockneten Hülsenfrüchten (z. B. Erbsen oder Linsen) belegen. Im vorgeheizten Ofen bei 200 Grad (Umluft 180 Grad) auf der untersten Schiene 15 Min. backen. Backpapier und Hülsenfrüchte entfernen und weitere 10 Min. backen.

3 Inzwischen den Kürbis entkernen und in 1 cm breite Spalten schneiden. Getrocknete Tomaten in Streifen, Mozzarella in Scheiben schneiden.

4 2 Eier, Frischkäse, Milch und Thymian verrühren, salzen und pfeffern. Kürbis und Tomaten auf dem Teigboden verteilen. Mit der Eiermilch übergießen und mit Mozzarella belegen. Im vorgeheizten Ofen bei 200 Grad (Umluft 180 Grad) auf der mittleren Schiene 30 Min. backen.

Zubereitungszeit: 1:15 Stunden (plus Kühlzeit)
Pro Portion (bei 6): 16 g E, 34 g F, 33 g KH = 506 kcal (2118 kJ)

Apfel-Blätterteigschnitten

Krosse Hülle, weiche Füllung: Diese **klassische Kuchenspezialität** gelingt auch nicht versierten Bäckern mühelos

Für 8 Stück: 1 **250 g TK-Blätterteigplatten** ausbreiten und auftauen lassen. Blätterteig aufeinanderlegen, auf einer mit Zucker bestreuten Fläche 32 x 32 cm groß ausrollen. Dabei den Teig einmal wenden, sodass beide Seiten gezuckert sind. Teig mit einem Teigrädchen oder Messer in 16 Stücke (à 8 x 8 cm) teilen und auf ein mit Backpapier ausgelegtes Blech legen. Im vorgeheizten Ofen bei 200 Grad auf der untersten Schiene 14–16 Min. backen (Umluft nicht empfehlenswert). Blätterteigplatten abkühlen lassen.
2 **200 ml Schlagsahne** und **1 Pk. Vanillezucker** steif schlagen. **250 g Apfelkompott** (Glas) auf 8 der Blätterteigstücke geben. Sahne darauf verteilen und die restlichen Blätterteigplatten daraufsetzen.

Zubereitungszeit: 40 Minuten (plus Zeit zum Auftauen und Auskühlen)
Pro Stück: 2 g E, 14 g F, 22 g KH = 232 kcal (972 kJ)

Kartoffel-Senf-Suppe

Beeindruckt und erfrischt: mit Senfcreme und Räucherlachs ein Süppchen, das man gern auslöffelt

Für 4 Portionen: **1** **800 g festkochende Kartoffeln** schälen und in 2 cm große Würfel schneiden. **½ rote Chilischote** entkernen und grob hacken. Das Weiße und Hellgrüne von **1 Bund Frühlingszwiebeln** in Ringe schneiden. **2** **2 El Öl** in einem Topf erhitzen und alles 4 Min. darin dünsten. Mit **1,25 l Gemüsebrühe** auffüllen und 35 Min. köcheln lassen. Fein pürieren, abkühlen lassen und kalt stellen. **3** **100 g Crème fraîche** mit **2 El körnigem Senf** verrühren. Die Suppe in Teller geben, Senfcreme mit einem Löffel kreisförmig darin verteilen und mit einem Holzstäbchen oder einer Gabel Muster ziehen. Mit **2 El gehacktem Dill** und **150 g klein geschnittenem Räucherlachs** servieren.

Zubereitungszeit: 50 Minuten (plus Kühlzeit)
Pro Portion: 12 g E, 16 g F, 23 g KH = 294 kcal (1230 kJ)

Lauwarmer Gemüsesalat

Knackig und höchst aromatisch: der ganze Sommer in einem schlichten Gemüsegericht

FÜR 4 PORTIONEN:

3 Flaschentomaten
(ca. 350 g)

1 gelbe Paprikaschote
(160 g)

2 rote Paprikaschoten
(à 160 g)

1 Zucchini

8 kleine Knoblauchzehen

10 El Olivenöl

2 Zweige Rosmarin

Salz

Pfeffer

½ Tl Zucker

2 El Rotweinessig

1 Tomaten achteln. Paprikaschoten vierteln, entkernen, in 3 cm große Stücke schneiden. Zucchini längs vierteln und in dicke Stücke schneiden. Knoblauch pellen und halbieren.

2 Ofen auf 200 Grad vorheizen. Auf einer Saft-pfanne das Gemüse bis auf die Tomaten mit 5 El Öl und dem zerzupften Rosmarin verteilen. Salzen, pfeffern und auf der untersten Schiene 20 Min. garen (Umluft 15–20 Min. bei 180 Grad). Nach der Hälfte der Garzeit die Tomaten zu-geben, dabei das Gemüse vorsichtig wenden.

3 Aus dem Ofen nehmen, leicht abkühlen lassen. Mit einer Marinade aus Zucker, Essig und dem restlichen Öl behutsam mischen.

Zubereitungszeit: 45 Minuten
Pro Portion: 3 g E, 26 g F, 10 g KH = 283 kcal (1186 kJ)

SCHNELL ZERKLEINERT
So geht's ganz leicht: Enden der Zucchini abschneiden, dann längs vierteln und anschließend in grobe Stücke schneiden.

Blaubeer-Pfannküchlein

Berückend wie eine **Zeitreise in die eigene Kindheit:** lockere Pfannkuchen mit saftigen, blauen Heidelbeeren

FÜR 4 PORTIONEN:

100 g gesiebtes Mehl
30 g Zucker
150 ml Milch
Salz
1 Ei (Kl. M)
200 g Blaubeeren
8 Tl Öl
Puderzucker

1 Mehl, Zucker, Milch und 1 Prise Salz mit einem Schneebesen glatt rühren. Ei unterrühren. Den Teig 10 Min. ruhen lassen.

2 Blaubeeren verlesen und vorsichtig unter den Teig heben. Eine beschichtete Pfanne mit 2 Tl Öl erhitzen und 5 El Blaubeerteig nebeneinander hineingeben. Pfannküchlein bei mittlerer Hitze 2 Min. von jeder Seite backen. Herausnehmen und auf Backpapier legen, im Ofen warm halten. Die Pfanne nach jedem Backen mit Küchenpapier auswischen.

3 Aus dem restlichen Teig und Öl nacheinander insgesamt 15 weitere Pfannküchlein backen. Mit Puderzucker bestreuen. Dazu passt geschlagene Sahne.

Zubereitungszeit: 30 Minuten
Pro Portion: 6 g E, 15 g F, 31 g KH = 285 kcal (1192 kJ)

VORSICHTIG RÜHREN!
Wenn die Blaubeeren im Teig sind, nur noch sehr vorsichtig rühren. Der Saft färbt den Teig sonst kräftig blau.

Matjestatar

Sie haben sich fürchterlich über jemanden aufgeregt? Dann zerhacken Sie ein paar **junge, wohlgenährte Heringe** – und der Tag ist gerettet!

Für 4 Portionen: 1 3 **Frühlingszwiebeln** putzen und das Weiße und Hellgrüne in feine Würfel schneiden. 3 **Matjesfilets** (ca. 200 g) und **60 g Gewürzgurken** fein würfeln. **1 Apfel** vierteln, schälen, entkernen, fein würfeln und sofort mit **1 El Zitronensaft** mischen. Alles mit **1½ El Salatmayonnaise** mischen, salzen und pfeffern. 10 Min. kalt stellen. **2 1 Salatgurke** so schälen, dass einige Streifen Schale stehen bleiben. Gurke in dünne Scheiben schneiden. **3 El Gewürzgurkensud**, **1 El Zitronensaft** und **3 El Öl** mischen. Mit Salz, Pfeffer und 1 Prise Zucker würzen und mit den Gurken mischen. **Kresse** von 1 Beet abschneiden und untermischen, dabei einige Stiele zum Dekorieren beiseitelegen. Matjestatar auf den Gurken anrichten und mit Kresse garnieren. Dazu passt Vollkornbrot.

Zubereitungszeit: 30 Minuten
Pro Portion: 9 g E, 23 g F, 9 g KH = 284 kcal (1183 kJ)

Bärlauchknödel

Diese Semmelknödel sind ganz **besondere Leckerbissen,** denn wir haben sie passend zur Jahreszeit mit frischem Bärlauch verfeinert. Grün und gut!

Für 4 Portionen: 1 1 Baguette vom Vortag (200 g) in dünne Scheiben schneiden und in eine flache Schale legen. **1 Zwiebel** fein würfeln und in **2 El heißer Butter** glasig dünsten. Mit **120 ml Milch** ablöschen und über die Baguettescheiben verteilen. **2 80 g Bärlauch** waschen, trockenschleudern und ohne die harten Stiele hacken. **2 Eier** (Kl. M) mit **Muskat,** Salz und Pfeffer verquirlen. Bärlauch, Eier, **½ Tl Backpulver** und die Brötchenmasse zu einem glatten Teig verkneten, 10 Min. ruhen lassen. **3** Die Masse mit feuchten Händen zu 8 Knödeln formen. In reichlich kochendes Salzwasser geben und bei milder Hitze 20 Min. gar ziehen lassen. Mit einer Schaumkelle herausheben und abtropfen lassen.

Tipp: Der Knödelteig darf beim Formen nicht zu weich sein, sonst zerfallen die Knödel im Wasser. Garen Sie zuerst einen kleinen Probeknödel. Falls er zerfällt, esslöffelweise Semmelbrösel unter den Teig kneten, bis dieser fester ist.

Birnen-Trauben-Tarte

Knuspriger Mürbeteig, **saftiges, mild karamellisiertes Obst** obendrauf, das ist Backgenuss in seiner höchsten – und einfachsten – Form

FÜR 14 STÜCKE:

200 g Mehl

150 g Butter

6 El Zucker

Salz

1 Eigelb (Kl. M)

800 g Birnen

2 El Zitronensaft

Mehl zum Bearbeiten

je 100 g blaue und grüne Trauben

70 g Aprikosenkonfitüre

1 Mehl, zimmerwarme Butter in Stücken, 3 El Zucker, 1 Prise Salz, Eigelb und 2 El eiskaltes Wasser mit den Knethaken des Handrührers zu einem glatten Teig verkneten. Zu einer flachen Kugel formen, in Folie gewickelt 1 Std. kalt stellen.

2 Birnen schälen, vierteln, entkernen und in Spalten schneiden und sofort mit dem Zitronensaft mischen.

3 Teig auf einer bemehlten Fläche auf 30 cm Ø ausrollen, in eine gefettete Tarteform (26 cm Ø) legen. Rand gut andrücken und evtl. begradigen, den Boden mehrfach mit einer Gabel einstechen. Birnenspalten dicht an dicht kreisförmig darauflegen. Mit 3 El Zucker bestreuen.

4 Im vorgeheizten Ofen bei 200 Grad auf einem Backofengitter direkt auf dem Ofenboden 55 Min. backen (Umluft nicht empfehlenswert). Trauben halbieren und entkernen. Konfitüre erwärmen und nach Ende der Backzeit auf den Kuchen streichen. Mit den Trauben bestreuen und weitere 5 Min. backen. Lauwarm oder abgekühlt servieren.

Zubereitungszeit: 1:30 Stunden (plus Kühlzeit)
Pro Stück: 2 g E, 10 g F, 31 g KH = 220 kcal (920 kJ)

NOCH EINFACHER
Verwenden Sie am besten eine Tarteform mit herausnehmbarem Boden (z. B. von Kaiser). Der Teig wird mithilfe einer Teigrolle aufgerollt und über der Form wieder abgerollt – ein Kinderspiel.

Walnuss-Brownies

Brownies sind etwas Wunderbares, **Walnüsse sind etwas Wunderbares.**
Wie wunderbar sind dann erst Walnuss-Brownies?!

FÜR 20 STÜCKE:

- 200 g Walnusskerne
- 170 g Zartbitterschokolade
- 250 g Butter
- 6 Eier (Kl. M)
- 200 g Zucker
- 1 Pk. Vanillezucker
- ½ Tl Zimtpulver
- 225 g Mehl
- 3 El Schokoladenlikör
- 2 El Puderzucker

1 Walnüsse hacken. Schokolade hacken und mit der Butter in einem Topf langsam zerlassen. Eier, Zucker, Vanillezucker und Zimt mit den Quirlen des Handrührers mind. 8 Min. sehr dick-cremig aufschlagen. Schokoladenmischung unterrühren.

2 Mehl und Likör kurz unterrühren. Walnüsse unterheben. Teig auf ein mit Backpapier ausgelegtes Blech (30 x 20 cm) oder in eine Auflaufform streichen. Im vorgeheizten Ofen bei 190 Grad auf der untersten Schiene 25 Min. backen (Umluft 20 Min. bei 170 Grad). Auf dem Blech abkühlen lassen. Mit Puderzucker (evtl. in Streifen) bestäubt servieren.

Zubereitungszeit: 45 Minuten
Pro Stück: 6 g E, 22 g F, 25 g KH = 315 kcal (1320 kJ)

MUFFINS
Mit demselben Teig und einer passenden Form können Sie auch Muffins backen (dieselbe Backzeit). Die Teigmenge reicht für 12 Stück.

Fruchtiger Kräutersalat

Braten Sie sich doch mal eine Melone – mit Frankfurter Kräutern, Mozzarella und Zitrus-Vinaigrette ein **famoser Salat**

Für 4 Portionen: 1 Blätter von **1 Bund Kräuter für Frankfurter grüne Sauce** (ca. 150 g) von den Stielen zupfen. Größere Blätter mundgerecht zerteilen. **100 g Rauke** putzen, waschen und trockenschleudern. **125 g Mozzarella** grob würfeln. **500 g Cantaloup-Melone** (oder Charentais-Melone) schälen, entkernen und quer in Spalten schneiden. **2 1 El Öl** in einer Pfanne erhitzen und die Melonenspalten darin von beiden Seiten je ca. 1 Min. anbraten. Für die Vinaigrette **3 El Weißweinessig**, **1 El Honig**, **6 El Orangensaft** und **4 El Öl** verquirlen. Mit Salz und Pfeffer würzen. Vorsichtig mit den Kräutern, Rauke, Melone und Mozzarella mischen und sofort servieren.

Zubereitungszeit: 25 Minuten
Pro Portion: 11 g E, 9 g F, 24 g KH = 223 kcal (939 kJ)

Spinat-Makkaroni

Mit diesem Auflauf, verfeinert mit Spinat und Gorgonzola, landen Sie mit Sicherheit einen **Volltreffer.** Garantiert!

Für 4–6 Portionen: 1 **300 g TK-Blattspinat** mit 6 El Wasser bei milder Hitze auftauen. **300 g Makkaroni** in reichlich kochendem Salzwasser nach Packungsanweisung garen. Dann abgießen. Spinat sehr gut ausdrücken, grob hacken, mit Salz und Pfeffer würzen. **1 Zwiebel** halbieren und in feine Streifen schneiden. **150 g Gorgonzola** in **150 ml Milch** fein pürieren, mit **100 g Crème fraîche** und **3 Eiern** (Kl. M) verquirlen, mit Salz, Pfeffer und **Muskat** würzen. **2** Die Hälfte der Nudeln in eine gefettete Auflaufform (ca. 22 x 22 cm) geben, etwas Gorgonzola-Milch darübergeben. Spinat und Zwiebeln darauf verteilen, übrige Nudeln und Eiermilch darüberschichten. Im vorgeheizten Ofen bei 200 Grad (Umluft 180 Grad) auf der untersten Schiene 40–45 Min. backen. 10 Min. vor Ende der Backzeit **50 g Gorgonzola-Stücke** und **2 El Pinienkerne** darüberstreuen.

Zubereitungszeit: 1 Stunde
Pro Portion (bei 6): 21 g E, 23 g F, 37 g KH = 446 kcal (1864 kJ)

Gefüllte Champignons

Schmecken als **Vorspeise oder leichtes Hauptgericht:** mit Zwiebeln und Kochschinken gefüllte Pilze auf einem weichen Bett aus Spinat

FÜR 4 PORTIONEN:
8 Riesenchampignons (à ca. 100 g)
2 kleine Zwiebeln
1 El Öl
Salz
Pfeffer
100 g Kochschinken (in Scheiben)
125 g Gouda (in Scheiben)
450 g TK-Rahmspinat

1 Champignons waschen. Die Stiele herausdrehen und hacken. Zwiebeln fein würfeln und im Öl glasig dünsten. Champignonstiele zugeben und 1–2 Min. mitdünsten. Mit Salz und Pfeffer würzen. Abkühlen lassen.

2 Gekochten Schinken und Käse in feine Würfel schneiden. Mit der Zwiebel-Pilz-Mischung vermengen und die Champignons damit füllen.

3 Spinat bei milder Hitze in einem Topf auftauen lassen und in eine ofenfeste Form geben. Champignons daraufsetzen und im vorgeheizten Ofen bei 180 Grad (Umluft 170 Grad) auf der untersten Schiene 40 Min. backen.

Zubereitungszeit: 1 Stunde
Pro Portion: 21 g E, 16 g F, 7 g KH = 260 kcal (1092 kJ)

CHAMPIGNONS FÜLLEN
Wenn die Stiele aus den großen Champignons entfernt sind, bieten sie viel Platz zum Füllen.

Kalter Braten mit Kräutersauce

Ideal für den Familiensonntag: Diese Schmandsauce mit Kräutern **ist fix gemacht** und schmeckt superlecker

FÜR 4 PORTIONEN:

100 g Salatmayonnaise

100 g Schmand

1–2 El Zitronensaft

2 El Milch

1 Bund Petersilie

½ Bund Schnittlauch

Salz

Pfeffer

Zucker

500 g Kalbsbraten-
aufschnitt

1 Salatmayonnaise, Schmand, Zitronensaft und Milch verrühren. Petersilienblätter abzupfen und hacken. Schnittlauch in Röllchen schneiden. Beides unter die Sauce heben.

2 Sauce mit Salz, Pfeffer und etwas Zucker würzen und mit dem Kalbsbratenaufschnitt servieren. Dazu passen Salzkartoffeln.

Zubereitungszeit: 25 Minuten
Pro Portion: 38 g E, 21 g F, 4 g KH = 361 kcal (1514 kJ)

PIKANT MIT PAPRIKA
Anstatt Kräuter gewürfelte Paprika unterziehen und mit Paprikapulver würzen.

SÄUERLICH MIT KAPERN
Eingelegte Kapern unter die Sauce ziehen und mit wenig Zitronensaft abschmecken.

MILD MIT GEKOCHTEM EI
Gekochtes gehacktes Ei unter die Kräutersauce heben, eventuell mit Senf abschmecken.

Sauerkraut-Tomaten-Eintopf

Eine überraschende und äußerst **überzeugende Kombination:** Sauerkraut mit Tomaten und kleinen eleganten Fleischbällchen

Für 4 Portionen: 1 **100 g Zwiebeln** würfeln. **1 Dose Sauerkraut** (425 g EW) abgießen. Mit den Zwiebeln in **3 El heißem Öl** andünsten. Mit Salz, Pfeffer, je **1 Tl gemahlenem Kümmel** und **scharfem Paprikapulver** würzen. **2 El Tomatenmark** kurz mitdünsten. **1 Dose Tomaten** (425 g EW) mit Saft und **800 ml kräftige Gemüsebrühe** zugeben. Zugedeckt bei mittlerer Hitze 20 Min. garen. **2** **250 g Kalbsbrät** (aus rohen Kalbsbrat- würstchen) mit leicht angefeuchteten Händen zu kleinen Bällchen formen. In **2 El Öl** rundherum 4–5 Min. goldbraun braten. **4 El Majoranblättchen** abzupfen, hacken und mit den Bällchen zum Eintopf geben. Mit Salz, Pfeffer, Kümmel, Paprikapulver und Zucker würzen.

Zubereitungszeit: 40 Minuten
Pro Portion: 11 g E, 30 g F, 6 g KH = 340 kcal (1425 kJ)

Kartoffelsalat grün-weiß

Nicht nur für Werder-Fans: Unser sommerlicher Kartoffelsalat mit einem grün-weißen Dressing schmeckt auch beim **Picknick im Grünen**

Für 4 Portionen: 1 600 g kleine festkochende Kartoffeln in kochendem Wasser 15 Min. garen, abschrecken, pellen und quer halbieren. **2** 150 g **Sahnejoghurt**, 1 El **Weißweinessig, 2 El Öl, 4 El Milch**, Salz, Pfeffer und 1 Prise Zucker verrühren. Je **1 El gehackten Schnittlauch, Petersilie** und **Basilikum** untermischen. Dressing unter die Kartoffeln mischen. Mit **½ Beet abgeschnittener Kresse** bestreuen. Dazu passt geräucherte Putenbrust.

Zubereitungszeit: 35 Minuten
Pro Portion: 3 g E, 9 g F, 17 g KH = 170 kcal (714 kJ)

Spiegelei-Brot

Schmeckt **frisch aus der Pfanne,** lässt sich aber auch zusammenklappen und als Mittagsbrot oder Pausenbrot mitnehmen

FÜR 1 PORTION:

1 Beet Gartenkresse

1 Beet Shiso

75 g Magerquark

Salz

weißer Pfeffer

1 Tl Zitronensaft

1 El Öl

2 Scheiben Schwarzwälder Schinken

1 Ei (Kl. M)

1 Scheibe Mischbrot

1 Gartenkresse und Shiso mit einer Schere von den Beeten schneiden. Einige Blättchen zum Bestreuen beiseitelegen. Quark mit restlichen Kräutern, Salz, Pfeffer und Zitronensaft verrühren.

2 Öl in einer Pfanne erhitzen, Schwarzwälder Schinken darin kurz von beiden Seiten braten, herausnehmen. Ei bei mittlerer Hitze in der gleichen Pfanne 1 Min. braten. Dotter anstechen, Ei wenden und weitere 30 Sek. braten.

3 Brot mit etwas Quark bestreichen. Schinken auf das Brot legen. Ei daraufgeben. Mit einem Teil der Kräuter bestreuen. Restlichen Quark separat dazu servieren.

Zubereitungszeit: 30 Minuten
Pro Portion: 28 g E, 20 g F, 26 g KH = 392 kcal (1646 kJ)

SHISO

Diese feinblättrige Pflanze mit dem botanischen Namen Perilla wird meistens als Kresse bezeichnet, obwohl keine Verwandtschaft besteht. Aber wegen ihrer angenehmen, appetitanregenden Schärfe ist ihr Aroma tatsächlich dem der Kresse ähnlich. Man kauft Shiso wie Kresse in kleinen Beeten und verwendet sie für Salate, Suppen oder zur Dekoration von asiatischen Gerichten.

Pikante Kürbistarte

Ganz wie eine klassische Tarte Tatin: Die Kürbisspalten werden **unter einer Blätterteigdecke** gebacken

FÜR 4 PORTIONEN:

4 TK-Blätterteigplatten (22 x 10 cm)

Mehl für die Arbeitsfläche

500 g Hokkaido-Kürbis

1–2 rote Chilischoten

2 El Olivenöl

25 g Butter

Salz

Pfeffer

2 Tl Zucker

1 El gehackte Petersilie

1 Blätterteig auftauen lassen. Auf einer mit Mehl bestreuten Arbeitsfläche aufeinanderlegen und zu einem Kreis (28 cm Ø) ausrollen. Bis zur weiteren Verwendung mit einem Tuch abdecken.

2 Kürbis entkernen und in dünne Spalten schneiden. Die Spalten mit einem Sparschäler schälen. Chilischoten entkernen und fein hacken.

3 Öl in einer ofenfesten, beschichteten Pfanne erhitzen. Die Kürbisspalten darin von beiden Seiten anbraten und kreisförmig in der Pfanne anordnen. Chilischoten mit der Butter dazugeben. Mit Salz und Pfeffer würzen und mit Zucker und gehackter Petersilie bestreuen.

4 Den Blätterteig auf den Kürbis geben und mit einer Gabel mehrfach einstechen.

5 Im vorgeheizten Ofen bei 210 Grad (Umluft 180 Grad) auf der untersten Schiene 30–35 Min. backen. Zum Servieren umgekehrt auf einen Teller gleiten lassen.

Zubereitungszeit: 50 Minuten
Pro Portion: 5 g E, 24 g F, 32 g KH = 369 kcal (1544 kJ)

Kopfsalatsuppe

„Salat macht die beste Suppe", sagt man in der Pfalz. Und weil wir wissen, dass die Pfälzer kochen können, nehmen wir sie beim Wort

Für 4 Portionen: 1 200 g Kartoffeln schälen, **60 g Schalotten** pellen, beides würfeln. In **20 g Butter** andünsten. **600 ml Gemüsefond** und **200 ml Schlagsahne** dazugießen. Zugedeckt bei mittlerer Hitze 10 Min. kochen. **1 Kopfsalat** putzen, waschen, trockenschleudern und bis auf 2 Blätter grob zerschneiden. **2** **2 Scheiben Krustenbrot** in Streifen schneiden, in **1 El Walnussöl** und **2 El Butter** goldbraun braten. Suppe mit den Salatstreifen pürieren. Nochmals kurz erhitzen, aber nicht mehr kochen. Mit Salz, Pfeffer und **1–2 El Walnussöl** würzen. Restlichen Salat in feine Streifen schneiden. Einige **Kerbelblättchen** abzupfen, beides in die Suppe geben.

Zubereitungszeit: 25 Minuten
Pro Portion: 5 g E, 31 g F, 20 g KH = 372 kcal (1558 kJ)

Mediterrane Blätterteigtaschen

Originell und leicht gemacht: Knuspriger Blätterteig ist mit aromatischem Feta, Peperoni und Tomate gefüllt. Mehr davon!

Für 4 Stück: 1 **4 quadratische TK-Blätterteigplatten** (12 x 12 cm, à 50 g) nebeneinander auf einem mit Backpapier ausgelegten Blech auftauen lassen. **2 100 g Feta** 1 cm groß würfeln. **100 g Kirschtomaten** halbieren. **50 g milde Peperoni** in 1 cm breite Ringe schneiden. Alles mit **1 El gehackter glatter Petersilie** mischen und mit Pfeffer und wenig Salz würzen. Mittig auf die Teigquadrate geben. **3** **1 Eigelb** (Kl. M) mit 1 El Wasser verquirlen. Teigecken damit bestreichen und zur Mitte hin falten, dabei die Spitzen etwas überlappen lassen. Die Taschen mit dem restlichen Ei bestreichen und **50 g Feta** daraufstreuen. Im vorgeheizten Ofen bei 220 Grad (Umluft 200 Grad) auf der untersten Schiene 20 Min. backen.

Zubereitungszeit: 40 Minuten
Pro Stück: 10 g E, 20 g F, 18 g KH = 302 kcal (1265 kJ)

Laugenschlupfer

Eine **würzige Variante des bekannten „Ofenschlupfers"** – statt Weißbrot haben wir einfach Laugenstangen verwendet

FÜR 4 PORTIONEN:

225 g Laugenstangen vom Vortag

2 Äpfel (z. B. Elstar, à 150 g)

125 g Lauch

35 g Butter

Salz

Pfeffer

150 g mittelalter Gouda

3 Eier (Kl. M)

300 ml Milch

1 Laugenstangen in Scheiben schneiden und in eine Schüssel geben.

2 Äpfel vierteln, entkernen und würfeln. Lauch in Scheiben schneiden und in stehendem Wasser waschen. Abtropfen lassen und mit den Äpfeln in der Butter 2 Min. andünsten.

3 Mit dem Brot mischen, mit Salz und Pfeffer würzen. Gouda auf der Kastenreibe reiben und untermischen. Eier und Milch verquirlen und sorgfältig mit der Brotmischung vermengen.

4 In eine gebutterte Auflaufform geben und im vorgeheizten Ofen bei 200 Grad (Umluft 180 Grad) auf der untersten Schiene 35–40 Min. backen.

Zubereitungszeit: 1 Stunde
Pro Portion: 23 g E, 28 g F, 29 g KH = 463 kcal (1940 kJ)

DER IN DEN OFEN SCHLUPFT!

Früher Arme-Leute-Leckerei, heute Spezialität: Der Ofenschlupfer ist ein schwäbisches Traditionsgericht, bei dem man altbackenes Weißbrot, Rosinen, Mandeln und Eierguss in einer Pfanne im Ofen backt. Zu Zeiten der Dorfbacköfen „schlupfte" er nach dem Brot noch rasch in die Restwärme.

Gefülltes Hähnchenbrustfilet

Besonders dekorativ (und kalorienarm) ist es, **Fleisch und Gemüse** auf einer gusseisernen Grillpfanne mit Riffeln zuzubereiten

FÜR 4 PORTIONEN:

1 Topf Basilikum

150 g Ricotta

1 Eigelb (Kl. M)

5 El Semmelbrösel

1 durchgepresste Knoblauchzehe

Salz

Pfeffer

4 Hähnchenbrustfilets (à 150 g)

1 Bund Frühlingszwiebeln

je 1 rote und gelbe Paprikaschote

2 El Öl

100 ml Gemüsebrühe

1 ⅔ vom Basilikum abzupfen und hacken, mit Ricotta, Eigelb, Semmelbröseln und Knoblauch mischen. Mit Salz und Pfeffer würzen. In jedes Hähnchenbrustfilet eine tiefe Tasche schneiden. Von innen und außen mit Salz und Pfeffer würzen. Ricotta-Masse in die Taschen füllen, Filets mit Holzspießchen zusammenstecken.

2 Frühlingszwiebeln putzen, in ca. 6 cm lange Stücke schneiden. Paprika putzen und in breite Stücke schneiden. Öl in einer Grillpfanne oder einer beschichteten Pfanne erhitzen, Fleisch darin rundherum scharf anbraten. In eine Auflaufform setzen. Im vorgeheizten Ofen bei 180 Grad (Umluft 160 Grad) auf der untersten Schiene 13–15 Min. fertig garen.

3 Gemüse in der Pfanne anbraten, mit Brühe ablöschen, zugedeckt 4–5 Min. dünsten. Mit Salz und Pfeffer würzen. Mit Hähnchenbrustfilets und restlichem Basilikum servieren.

Zubereitungszeit: 40 Minuten
Pro Portion: 42 g E, 13 g F, 16 g KH = 354 kcal (1483 kJ)

Blätterteigschnecken

Von der Rolle: **Gekochter Schinken, Käse und Lauch** werden in den Teig gewickelt und wandern gebacken direkt von der Hand in den Mund

Für 18 Stück: 1 300 g Lauch putzen, gründlich waschen, längs halbieren und das Hellgrüne und Weiße in 2 cm dicke Ringe schneiden. Lauch und **2 Tl getrockneten Thymian** in **1 El Öl** in einer beschichteten Pfanne 3 Min. andünsten und abkühlen lassen. **125 g gekochten Schinken** würfeln. **120 g mittelalten Gouda** reiben. **2** Lauch, gekochten Schinken, Gouda, **1 Tl Bio-Zitronenschale**, Salz und Pfeffer mischen. **1 Pk. fertigen Blätterteig** (275 g, Kühlregal) entrollen, Lauchmasse darauf verteilen. Dabei jeweils 1 cm Rand lassen. Ränder mit **1 Eiweiß** (Kl. M) bestreichen. Blätterteig von der Längsseite her eng aufrollen und in 2 cm dicke Scheiben schneiden.
3 Schnecken nebeneinander auf ein mit Backpapier ausgelegtes Blech legen. **1 Eigelb** (Kl. M) und **1 El Milch** verrühren und die Schnecken damit bestreichen.
4 Im vorgeheizten Ofen bei 200 Grad (Umluft 180 Grad) auf der mittleren Schiene ca. 20 Min. goldbraun backen. Noch warm servieren.

Zubereitungszeit: 40 Minuten
Pro Stück: 4 g E, 6 g F, 5 g KH = 102 kcal (428 kJ)

Kartoffel-Käse-Taler

Wer die Kartoffel nicht ehrt, ist des Talers nicht wert: Mit Camembert und Rosmarin glänzt diese Beilage **auch als Hauptgericht**

Für 4 Portionen: 1 300 ml Wasser aufkochen. Topf von der Herdplatte nehmen und das Wasser 1 Min. abkühlen lassen. **1 Beutel Kartoffelpüree** (mit Milch, für 3 Portionen) unterrühren. Masse in eine Schüssel füllen und etwas abkühlen lassen. **2** Die Nadeln von **2 Zweigen Rosmarin** abzupfen und fein hacken. **50 g Camembert** fein würfeln. Beides unter die lauwarme Kartoffelmasse heben. Zu einer Rolle von 16 cm Länge formen und in 8 Scheiben schneiden. Rundum in **4 El Semmelbröseln** wenden. **2 El Öl** und **2 El Butter** in einer Pfanne aufschäumen. Die Taler darin von jeder Seite 3–4 Min. goldbraun braten.

Zubereitungszeit: 25 Minuten (plus Kühlzeit)
Pro Portion: 6 g E, 14 g F, 25 g KH = 254 kcal (1064 kJ)

Obstspieße

Dieses **vitaminreiche „Schaschlik"** kann zu jeder Jahreszeit anders aussehen, je nachdem, welches Obst gerade reif und preiswert ist

FÜR 4 PORTIONEN:

150 g Erdbeeren

1 Baby-Ananas

1 kleine reife Mango (ca. 400 g)

2 reife Kiwis

150 g saure Sahne

1 El Zitronensaft

1 El Honig

1 Tl abgeriebene Bio-Zitronenschale

1 Erdnusskrokant-Riegel (z. B. Mr. Tom, 40 g)

1 Erdbeeren waschen, trockentupfen und putzen. Große Erdbeeren halbieren. Oberes und unteres Ende von der Ananas abschneiden, Frucht mit einem scharfen Messer großzügig schälen. Fruchtfleisch in 6 Spalten schneiden, den Strunk abtrennen, die Spalten in grobe Stücke schneiden.

2 Die Mango schälen, das Fruchtfleisch in ca. 1,5 cm breiten Stücken vom Stein schneiden. Die Kiwis schälen, längs vierteln und in Stücke schneiden. Das Obst abwechselnd auf 8 Schaschlikspieße stecken.

3 Saure Sahne, Zitronensaft, Honig und Zitronenschale glatt rühren. Den Krokantriegel fein hacken. Die Obstspieße mit der Sauce servieren und mit Krokant bestreuen.
Wichtig: Die Sauce erst am Tisch zu den Spießen geben. Lässt man sie längere Zeit zusammen stehen, bewirken Enzyme in Ananas und Kiwi, dass die saure Sahne bitter schmeckt.

Zubereitungszeit: 20 Minuten
Pro Portion: 3 g E, 5 g F, 27 g KH = 173 kcal (723 kJ)

Kasseler Gulasch

Dieses Gulasch **werden alle mögen,** schon wegen der fruchtig-pikanten Note aus Basilikum, Tomate und Zitronenschale

FÜR 4 PORTIONEN:
900 g Kasselernacken
300 g Zwiebeln
6 El Öl
Salz
Pfeffer
2–3 Tl edelsüßes Paprikapulver
300 ml Gemüsebrühe
1 Tl abgeriebene Bio-Zitronenschale
5 Stiele Basilikum
200 g Tomaten

1 Kasseler in ca. 2 cm große Würfel schneiden, evtl. Fett und Sehnen entfernen. Zwiebeln in sehr feine Streifen schneiden. Fleisch in 2 Portionen in je 2 El sehr heißem Öl in einer Pfanne rundherum scharf anbraten, salzen, pfeffern und herausnehmen.

2 Zwiebeln in der Pfanne in 2 El Öl anbraten. 2 Tl Paprikapulver kurz mitrösten (nur kurz, es wird sonst bitter!). Mit der Brühe ablöschen, Fleisch, Zitronenschalen und 2 Stiele Basilikum zugeben und zugedeckt bei mittlerer Hitze 20 Min. kochen, bis die Zwiebeln weich sind. Stielansätze aus den Tomaten entfernen, Tomaten in ca. 2 cm große Stücke schneiden.

3 Basilikumstiele aus der Sauce entfernen. Tomaten zugeben und 2 Min. kochen. Übrige Basilikumblätter abzupfen und grob zerkleinern. Gulasch evtl. mit Salz, Pfeffer und Paprika nachwürzen und mit Basilikum bestreuen. Mit Salzkartoffeln servieren.

Zubereitungszeit: 45 Minuten
Pro Portion: 41 g E, 34 g F, 7 g KH = 489 kcal (2052 kJ)

Meerrettich-Rosenkohl

Bei den Röschen handelt es sich um die **Seitenknospen des Brüsseler Kohls,** dessen Zuckeranteil nach dem ersten Frost in die Höhe schnellt

Für 4–6 Portionen: 1 **800 g Rosenkohl** putzen, den Strunk kreuzweise einschneiden. In Salzwasser 12 Min. kochen, abgießen und abtropfen lassen. **2** **1 El Butter** in einer Pfanne zerlassen, **1 Zwiebel** fein würfeln und darin andünsten, Rosenkohl zugeben. **200 ml Gemüsebrühe** und **200 ml Schlagsahne** zugießen, aufkochen und bei milder Hitze 3 Min. köcheln lassen. **1–2 Tl hellen Saucenbinder** unterrühren, aufkochen lassen. Mit Salz, Pfeffer und **5–6 Tl frisch geriebenem Meerrettich** würzen und mit **1 El gehackter Petersilie** und einigen **Meerrettichraspeln** bestreuen.

Zubereitungszeit: 30 Minuten
Pro Portion (bei 6): 4 g E, 12 g F, 5 g KH = 156 kcal (654 kJ)

Apfel-Clafoutis

Luftig-duftig und mit einem starken Hauch von Marzipan: Dieser Apfelauflauf ist in der Tasse oder in der großen Form **ein Knüller**

Für 4 Portionen: 1 **2 kleine säuerliche Äpfel** schälen, vierteln, entkernen, quer in Spalten schneiden und sofort mit **2 El Zitronensaft** mischen. **100 g Marzipan** zerkrümeln und mit **150 ml Milch** pürieren. **3 Eigelb** (Kl. M) mit **30 g Zucker** mit den Quirlen des Handrührers 5 Min. cremig rühren. Je **25 g Mehl** und **Speisestärke** mischen, mit Marzipanmilch und Eigelben verrühren. **2** **3 Eiweiß** (Kl. M) mit 1 Prise Salz steif schlagen, **20 g Zucker** zugeben und 1 Min. weiterschlagen. Unter den Teig heben. Masse in 4 gefettete ofenfeste Tassen (à 250 ml) oder in eine Auflaufform (ca. 20 x 20 cm) geben. Äpfel und **30 g Mandelstifte** darauf verteilen. **3** Im vorgeheizten Ofen bei 190 Grad (Umluft 170 Grad) auf der untersten Schiene 25–30 Min. backen. Mit **1 El Puderzucker** bestäuben.

Zubereitungszeit: 50 Minuten
Pro Portion: 12 g E, 18 g F, 45 g KH = 393 kcal (1650 kJ)

Fusilli mit Lammhack

Die mediterrane Mischung **garantiert Genuss:** Lammbällchen, Tomaten, Thymian und Parmesan

FÜR 4 PORTIONEN:

- 500 g Lammhack
- 4 El Semmelbrösel
- 2 Eier (Kl. M)
- 5 Tl Thymianblättchen (oder 2 Tl getrockneter Thymian)
- Salz
- Pfeffer
- 1 durchgepresste Knoblauchzehe
- 1 Zwiebel
- 4 El Öl
- Zucker
- 1 Dose geschälte Tomaten (850 g EW)
- 250 g grüne Bohnen (oder 200 g TK-Brechbohnen)
- 300 g Nudeln (z. B. Fusilli)
- 100 g Kirschtomaten
- 6 El geraspelter Parmesan

1 Lammhack, Semmelbrösel, Eier, 1 Tl Thymian (oder 1 Tl getr. Thymian), etwas Salz, Pfeffer und Knoblauch zu einem glatten Teig verkneten. Mit leicht angefeuchteten Händen zu 16–20 Bällchen formen. Zwiebel fein würfeln. Hackbällchen in 2 El heißem Öl in einem Bräter oder einer großen Pfanne rundherum braun anbraten, herausnehmen.

2 Zwiebeln in 2 El Öl im Bräter andünsten. 1 Tl Zucker kurz mitdünsten. Geschälte Tomaten, 2 Tl Thymian (oder 1 Tl getr. Thymian), etwas Salz und Pfeffer zugeben. Aufkochen und zugedeckt 10 Min. bei mittlerer Hitze kochen lassen. Hackbällchen zugeben und offen weitere 10 Min. kochen.

3 Bohnen putzen und halbieren (TK-Bohnen auftauen lassen) und mit den Nudeln in reichlich kochendem Salzwasser 12 Min. garen. Kirschtomaten halbieren, 3 Min. vor Ende der Garzeit zur Sauce geben, evtl. mit Salz, Pfeffer und Zucker würzen. Nudeln und Bohnen abgießen, mit der Sauce, restlichem Thymian und Käse servieren.

Zubereitungszeit: 45 Minuten
Pro Portion: 46 g E, 30 g F, 66 g KH = 723 kcal (3030 kJ)

Grilltomaten-Sugo

So schmeckt bella Italia: Ricotta, Rauke und Tomaten sorgen für fruchtig-leichten Pastagenuss

FÜR 4 PORTIONEN:

800 g reife
Flaschentomaten

8 El Olivenöl

Salz

Pfeffer

1 rote Peperoni

100 g Zwiebeln

1 Knoblauchzehe

100 g Rauke

400 g Nudeln
(z. B. Tortiglioni)

200 g Ricotta

grober schwarzer Pfeffer

1 Den Stielansatz keilförmig aus den Tomaten herausschneiden. Tomaten quer halbieren. Mit den Schnittflächen nach unten auf ein mit 2 El Öl bestrichenes, mit Salz und Pfeffer bestreutes Blech setzen. Unter dem vorgeheizten Backofengrill auf der 2. Schiene von oben 6–8 Min. grillen, bis die Haut schwarz wird. Dann die Haut abheben.

2 Peperoni in feine Ringe schneiden, dabei die Kerne entfernen. Zwiebeln und Knoblauch fein hacken. Rauke in mundgerechte Stücke zupfen. Nudeln in reichlich kochendem Salzwasser nach Packungsanweisung garen. In einer Pfanne 6 El Öl erhitzen. Peperoni, Knoblauch und Zwiebeln darin andünsten und salzen. Nudeln abgießen und mit Tomaten, Rauke und den Knoblauch-Zwiebeln mischen.

3 Ricotta grob zerbröseln, mit dem schwarzen Pfeffer über die Nudeln streuen.

Zubereitungszeit: 35 Minuten
Pro Portion: 18 g E, 30 g F, 78 g KH = 662 kcal (2775 kJ)

Gefüllte Mettbuletten

Mit dieser **leckeren Mischung** aus deutscher Hausmannskost und griechischer Füllung werden schnell neue Freundschaften geschlossen

Für 4 Portionen: 1 600 g **Schweinemett**, 1 **Ei** (Kl. M) und **2 El Semmelbrösel** in einer Schüssel vermengen. **1 Zwiebel** sehr fein würfeln und untermischen. Mit feuchten Händen 8 Buletten formen. **2** 75 g **Feta** zerbröseln, mit **30 g gehackten Paprikaschoten** (Glas) mischen. Buletten in der Hand flach drücken, mit etwas Käsemischung füllen, nach oben hin verschließen. **3** Buletten etwas flach drücken, in **2 El Olivenöl** von jeder Seite ca. 5 Min. bei mittlerer Hitze braun braten.

Zubereitungszeit: 30 Minuten
Pro Portion: 32 g E, 40 g F, 4 g KH = 508 kcal (2123 kJ)

Thousand-Islands-Salat

Falls Sie sich nicht gerade selbst **auf einer Insel** befinden, bleibt
Ihnen ja immer noch dieser Salat

Für 4 Portionen: **1** **1 Ei** (Kl. M) in kochendes Wasser geben und 8 Min. garen. Abgießen,
abschrecken und pellen. **2** **1 rote Paprikaschote** vierteln, entkernen und fein würfeln.
1 Gewürzgurke und **1 rote Zwiebel** fein würfeln. Das Ei und **25 g grüne Oliven** (ohne
Stein) hacken. ⅓ aller Zutaten beiseitelegen. **3** ⅔ der Zutaten in eine Schüssel geben.
150 g Mayonnaise, **5 El Gewürzgurkenwasser** und **5 El Ketchup** dazugeben und mischen.
Mit Salz, Pfeffer und **Tabasco** würzen. **4** **1 großen Kopf Blattsalat** putzen, waschen
und trockenschleudern. In mundgerechte Stücke zupfen und auf einer Platte anrichten.
5 Die Sauce über den Salat geben und mit den restlichen Zutaten bestreuen.

Zubereitungszeit: 25 Minuten
Pro Portion: 4 g E, 33 g F, 7 g KH = 344 kcal (1443 kJ)

Nudelfleckerln

Schön gemüsig und speckig-kross! Dank Brühe ein **herrlich leichtes Pasta-Vergnügen**, das locker ohne Sahne auskommt

FÜR 4 PORTIONEN:
je 1 rote und gelbe Paprikaschote
2 Zwiebeln
100 g Tiroler Speck (in dünnen Scheiben)
400 g Nudeln (z. B. gewellte, breite Bandnudeln)
Salz
4 El Öl
2 El Butter
150 ml Gemüsebrühe
80 g Comté
1 Bund Schnittlauch
Pfeffer
rosenscharfes Paprikapulver

1 Paprika putzen, waschen und grob würfeln. Zwiebeln fein würfeln. Speck in breite Streifen schneiden. Nudeln in Stücke brechen und in reichlich kochendem Salzwasser nach Packungsanweisung garen.

2 Inzwischen den Speck in 2 El Öl in einer beschichteten Pfanne kross ausbraten und herausnehmen. 2 El Öl und Butter in die Pfanne geben und Paprika und Zwiebeln darin 2 Min. andünsten. Brühe dazugeben und offen 3–4 Min. köcheln lassen. Käse hobeln oder raspeln. Schnittlauch in Röllchen schneiden. Paprika kräftig mit Salz, Pfeffer und Paprikapulver würzen.

3 Nudeln abgießen, mit Schnittlauch und Speck unter die Paprika mischen. Mit Käse bestreut servieren.

Zubereitungszeit: 30 Minuten
Pro Portion: 23 g E, 32 g F, 71 g KH = 676 kcal (2832 kJ)

NUDELBRUCH

Für dieses Rezept eignen sich viele Mitglieder der Pasta-Familie: von breiten Bandnudeln über Tagliatelle bis hin zu Lasagneplatten. Die Teigwaren einfach in große Stücke brechen und in reichlich Salzwasser bissfest kochen.

Schicht-Ratatouille

Hommage an die Sommerzeit: **Frisches Gemüse** und viele Kräuter bringen einen Hauch von Sonne in die kühle Jahreszeit

FÜR 4 PORTIONEN:

400 g Zucchini

400 g Auberginen

Salz

je 2 gelbe und rote Paprikaschoten

100 g Zwiebeln

2 Knoblauchzehen

2 Tl getrocknete Kräuter der Provence

4 El Olivenöl

Pfeffer

1 Pk. Tomatensauce mit Kräutern (370 g)

100 g geraspelter Käse (z. B. Comté)

1 Zucchini und Auberginen putzen, in ca. ½ cm dicke Scheiben schneiden. Mit etwas Salz bestreuen und auf Küchenpapier 15 Min. abtropfen lassen. Paprika putzen und vierteln. Zwiebeln und Knoblauch fein hacken, mit den Kräutern mischen.

2 Zucchini und Auberginen trockentupfen, mit Paprika auf zwei geölte Bleche legen und mit Olivenöl beträufeln. Im vorgeheizten Ofen bei 250 Grad auf der 2. Schiene von oben 10 Min. rösten (Umluft nicht empfehlenswert).

3 Paprika mit Salz und Pfeffer würzen. Zucchini, Paprika, Auberginen, Tomatensauce, Zwiebelmischung und Käse in eine gefettete Auflaufform (ca. 25 x 15 cm) schichten.

4 Die Schichtung wiederholen, dabei jeweils einige Zutaten übrig lassen und diese fächerförmig als letzte Schicht darauflegen. Im vorgeheizten Ofen bei 200 Grad auf der untersten Schiene 25 Min. backen (Umluft nicht empfehlenswert). Vor dem Servieren kurz ruhen lassen.

Zubereitungszeit: 1:15 Stunden
Pro Portion: 10 g E, 18 g F, 8 g KH = 236 kcal (991 kJ)

WERDEN SIE ZUM HOCHSTAPLER
Wählen Sie eine hohe Auflaufform, damit Sie die verschiedenen Gemüse abwechselnd dicht an dicht übereinander einschichten können.

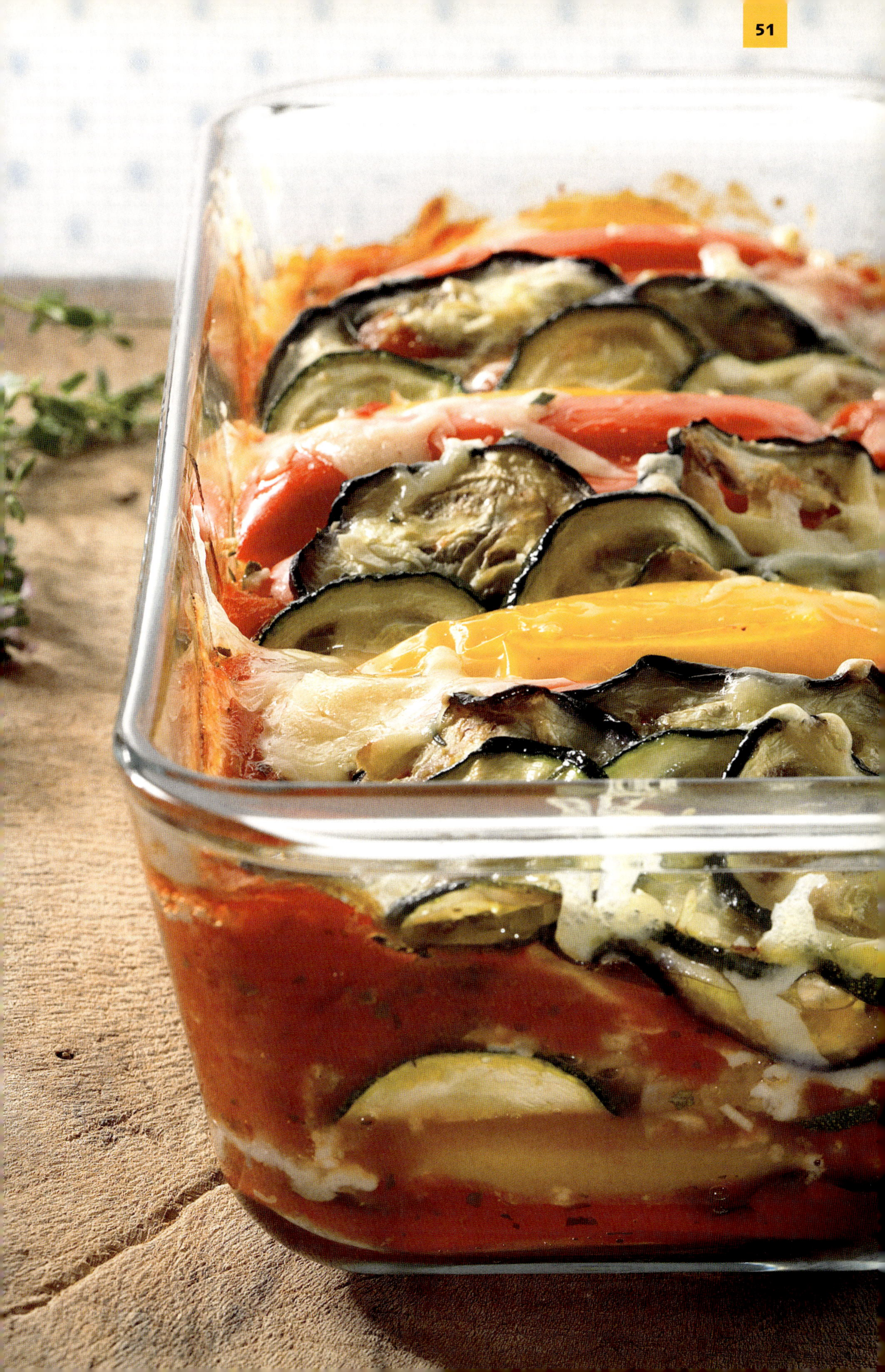

Hähnchencurry

Zum Gackern gut: mit Curry, Sahne, Pfirsich und Frühlingszwiebeln
ein Fest für den Flattermann

Für 4 Portionen: **1** **750 g Hähnchenbrustfilet** und **6 Pfirsichhälften** (Dose) in 2 cm
große Würfel schneiden. Das Weiße und Hellgrüne von **3 Frühlingszwiebeln** schräg in
Ringe schneiden. **2** **3 El Öl** in einer beschichteten Pfanne erhitzen. Hähnchen mit Salz und
Pfeffer würzen, im heißen Öl rundherum braun anbraten. Die weißen Frühlingszwiebeln
und **1–2 Tl mildes Currypulver** zugeben und ½ Min. mitbraten. **150 ml Gemüsebrühe** und
150 ml Schlagsahne zugießen, aufkochen und offen bei milder Hitze 4–5 Min. köcheln
lassen. Mit etwas Salz, Pfeffer und **2 El Pfirsichsaft** (Dose) würzen. **3** Pfirsiche zugeben
und in der Sauce erwärmen. Mit den grünen Frühlingszwiebeln bestreuen. Dazu passt Reis.

Zubereitungszeit: 30 Minuten
Pro Portion: 45 g E, 20 g F, 14 g KH = 423 kcal (1770 kJ)

Lachs mit Gemüse-Vinaigrette

Auch wenn zum Garen des Fisches viel Öl benötigt wird, **ist er nicht fett,** weil man den Lachs und die Paprikawürfel danach gut abtropfen lässt

Für 4 Portionen: 1 Je **1 rote** und **gelbe Paprikaschote** vierteln, entkernen und fein würfeln. **150 g Zucchini** fein würfeln. **½ Bio-Zitrone** in Scheiben schneiden, die andere Hälfte auspressen. **1 Knoblauchzehe** halbieren. **4 Lachsfilets** (à 150 g) salzen und pfeffern. Eine große Pfanne 1½ cm hoch mit **Olivenöl** füllen, mit **4 Stielen Thymian** und Knoblauch erwärmen (nicht zu stark erhitzen). **2** Lachsfilets und Zitronenscheiben darin bei mittlerer Hitze 8 Min. gar ziehen lassen. Nach 4 Min. wenden und Gemüsewürfel zugeben. Alles herausheben und gut abtropfen lassen. **3** 3 El Zitronensaft, Salz, Pfeffer, 1 Prise Zucker und 5 El vom Öl verschlagen. Mit Fisch, Zitronenscheiben und Gemüse anrichten.

Zubereitungszeit: 30 Minuten
Pro Portion: 29 g E, 27 g F, 6 g KH = 386 kcal (1612 kJ)

Ciabatta-Auflauf caprese

Italienfans aufgepasst: Dieser **lockere Auflauf** mit zart schmelzendem Mozzarella lässt die Herzen höher schlagen

FÜR 4 PORTIONEN:

300 g Ciabatta

50 g getrocknete Tomaten (in Öl)

1 Bund glatte Petersilie

125 g Büffelmozzarella

125 g durchwachsener Speck

1 Zwiebel

40 g Butter

3 Eier (Kl. M)

200 ml Milch

Salz

Pfeffer

Muskat

1 Brot in mundgerechte Würfel schneiden. Im vorgeheizten Ofen bei 200 Grad auf der mittleren Schiene 5 Min. backen (Umluft nicht empfehlenswert).

2 Tomaten abtropfen lassen, fein würfeln. Petersilie waschen und grob hacken, Mozzarella würfeln. Alles mit dem Brot in einer Schüssel mischen.

3 Speck und Zwiebel fein würfeln. Butter in einer Pfanne zerlassen, Speck und Zwiebeln bei mittlerer Hitze 3–4 Min. darin andünsten, zur Brotmischung geben.

4 Eier trennen. Eigelbe und Milch in einer Schüssel verquirlen. Mit Salz, Pfeffer und Muskat würzen. Unter die Brotmischung rühren. Eiweiße mit 1 Prise Salz steif schlagen und unter die Brotmischung heben. Eine Auflaufform (25 x 10 cm) mit etwas Butter einfetten. Masse einfüllen und im vorgeheizten Ofen bei 200 Grad (Umluft 180 Grad) auf der untersten Schiene 30 Min. backen.

5 5 Min. in der Form abkühlen lassen, auf eine Platte stürzen und in Scheiben geschnitten servieren.

Zubereitungszeit: 50 Minuten
Pro Portion: 26 g E, 32 g F, 43 g KH = 568 kcal (2389 kJ)

Brie-Fladen

Der französische Weichkäse gibt dem Fladen einen kräftigen Geschmack – und außerdem zergeht er geschmeidig auf der Zunge. **Bon appétit!**

FÜR 4 PORTIONEN:

200 g Tortenbrie

4 Weizenmehl-Tortillas

4 Tl mittelscharfer Senf

150 g Putenbraten-aufschnitt (oder geräucherte Putenbrust)

8 Tl Preiselbeerkompott

4 Tl Öl

1 Käse in Scheiben schneiden. Jede Tortilla auf einer Seite mit 1 Tl Senf bestreichen. Jeweils eine Hälfte dieser Seite mit Aufschnitt und Käse belegen. 2 Tl Preiselbeeren daraufsetzen.

2 In einer beschichteten Pfanne 1 Tl Öl erhitzen. Eine Tortilla mit der belegten Seite nach oben bei mittlerer Hitze braten, bis der Käse zu schmelzen beginnt. Dann die unbelegte Tortilla-Hälfte auf die Füllung klappen und ½–1 Min. weitererhitzen. Tortilla herausheben und auf einem Blech im vorgeheizten Ofen bei 100 Grad warm halten (Umluft nicht empfehlenswert).

3 Die übrigen Tortillas in je 1 Tl Öl ebenso braten und bis zum Servieren warm halten.

Zubereitungszeit: 20 Minuten
Pro Portion: 20 g E, 20 g F, 25 g KH = 371 kcal (1558 kJ)

GESCHMACKSBOMBE AUS INDIEN
Statt Preiselbeeren können Sie Mango-Chutney probieren: Es ist süß, exotisch gewürzt und passt bestens zum Käse.

Lammpilaw

Das **orientalische Reisgericht** mit zartem Lamm bekommt eine leichte Süße durch getrocknete Aprikosen und Mandeln

Für 4 Portionen: 1 1 **Zwiebel** und 1 **Knoblauchzehe** fein hacken. **100 g Möhren** schälen und fein würfeln. **50 g getrocknete Aprikosen** vierteln. **130 g Basmati-Reis** abspülen. Mit Zwiebeln, Möhren und Knoblauch in **2 El Öl** andünsten. Mit Salz und Pfeffer würzen. **300 ml Gemüsebrühe** angießen. Aprikosen zugeben, aufkochen und zugedeckt bei milder bis mittlerer Hitze 15 Min. garen. **2** 300 g **ausgelösten Lammrücken** in 2 cm große Würfel schneiden. **200 g Auberginen** putzen und auch 2 cm groß würfeln. Fleisch in **2 El heißem Öl** rundherum scharf anbraten. Auberginen und **2 El Mandelstifte** kurz mitbraten. Mit **100 ml Gemüsebrühe** ablöschen. Mit Salz, Pfeffer, etwas **gemahlenem Kreuzkümmel** und **Cayennepfeffer** würzen. **3** ½ **Bund Dill** abzupfen und fein hacken. Mit dem Fleisch unter den Reis mischen, evtl. nachwürzen. Dazu passt Joghurt mit Zitrone, Salz und Pfeffer.

Zubereitungszeit: 35 Minuten
Pro Portion: 19 g E, 24 g F, 35 g KH = 430 kcal (1800 kJ)

Rotkohl klassisch

In der Weihnachtszeit unverzichtbar: Rotkohl auf die klassische Art mit
Äpfeln und Johannisbeergelee. Aufgewärmt schmeckt er doppelt so gut!

Für 4 Portionen: 1 1 **Rotkohl** (750 g) putzen, äußere abstehende Blätter entfernen,
den Kohl vierteln und den Strunk herausschneiden. Viertel quer in feine Streifen schneiden.
2 Zwiebeln fein würfeln. **2** 1 **El Butter** erhitzen, Zwiebeln darin glasig dünsten, Rotkohl
zugeben und 5 Min. mitdünsten. Mit Salz, Pfeffer und **3 El Johannisbeergelee** würzen.
1 Lorbeerblatt, **3 Wacholderbeeren** und **500 ml Gemüsebrühe** zugeben und zugedeckt
20 Min. garen. **3** Inzwischen **200 g Äpfel** schälen, entkernen und 1 cm groß würfeln.
Zum Rotkohl geben und weitere 10 Min. garen. **1 Tl Speisestärke** mit **2 El Rotweinessig**
verrühren, unter den Rotkohl mischen und einmal unter Rühren aufkochen. Mit etwas
Thymian garniert servieren.

Zubereitungszeit: 1 Stunde
Pro Portion: 2 g E, 3 g F, 28 g KH = 170 kcal (710 kJ)

Sprossensalat

Frühlingshaft leicht mit Sprossen, Radieschen und ein wenig süßem Honig. Wer hätte gedacht, dass ein **einfacher Salat** so viel Freude macht

FÜR 4 PORTIONEN:

1 Kopfsalat

1 Bund Radieschen

60 g gemischte Sprossen (z. B. Linsen, Alfalfa und Radieschen)

2 El Zitronensaft

1 Tl flüssiger Honig

Salz

3 El Rapsöl

1 Salat putzen. Blätter waschen, trockenschleudern und in mundgerechte Stücke zupfen. Radieschen putzen, dabei etwa 2 cm von den Blättern an den Radieschen stehen lassen. Radieschen waschen und in dünne Scheiben hobeln oder schneiden. Sprossen in einem Sieb abspülen und leicht auseinanderzupfen.

2 Zitronensaft, 2 El Wasser, Honig und Salz mit einem Schneebesen verrühren. Öl unterschlagen. Salatblätter, Radieschenscheiben und Sprossen mit der Zitronenmarinade mischen.

Zubereitungszeit: 15 Minuten
Pro Portion: 1 g E, 7 g F, 3 g KH = 90 kcal (374 kJ)

WO GEHOBELT WIRD, FALLEN SPÄNE
So geht's leichter: Lassen Sie 2 cm von den Radieschenblättern stehen und schneiden Sie die Wurzeln ab. Gewaschene Radieschen dann an den Blattresten festhalten und in dünne Scheiben hobeln.

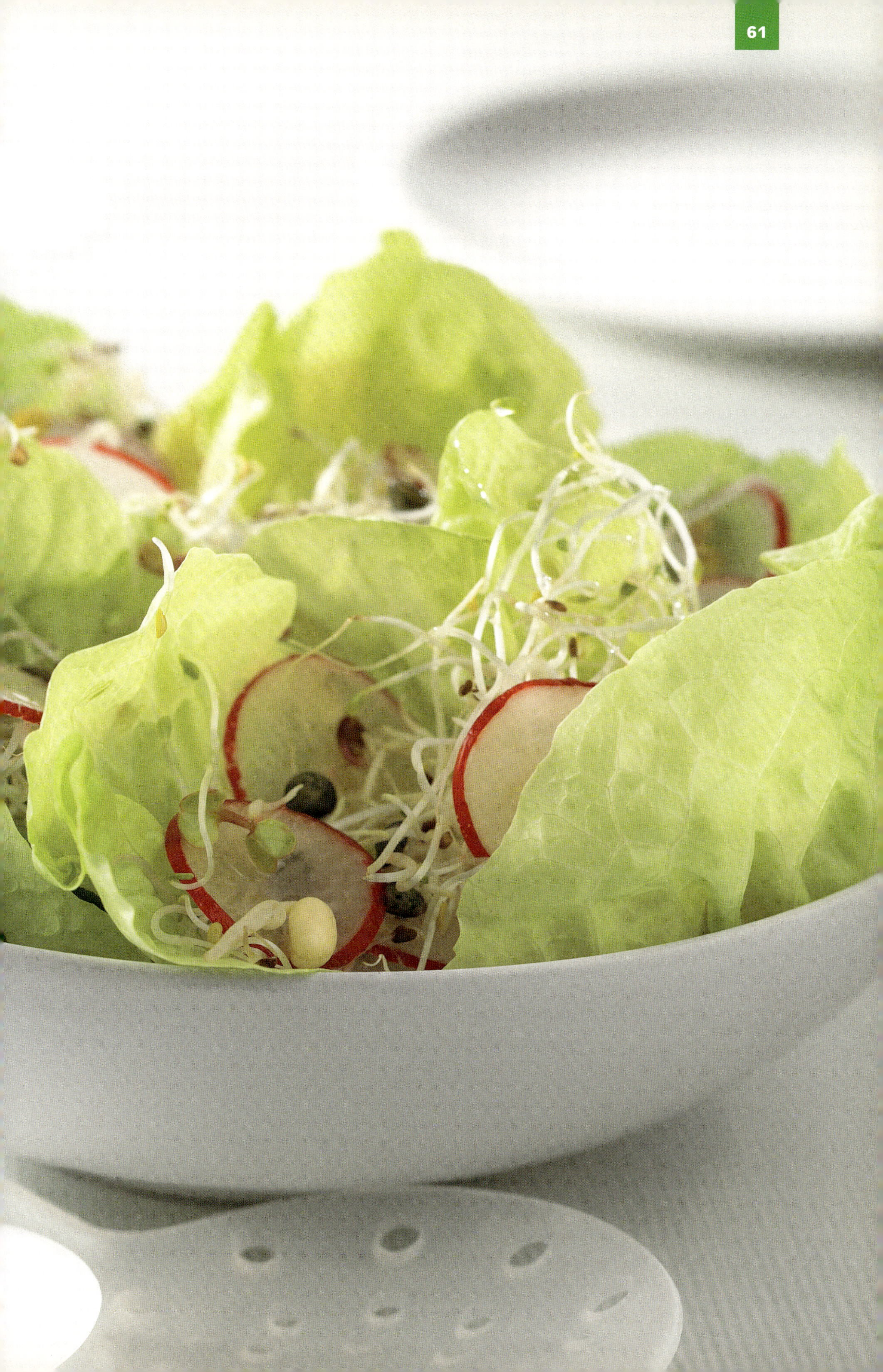

Tramezzini caprese

Dieser **Snack** wird seinem aufregenden italienischen Namen voll und ganz gerecht: Weißbrot gefüllt mit reichlich Tomaten und Mozzarella

FÜR 4 STÜCK:

200 g Doppelrahm-frischkäse

6 El Schlagsahne

Salz

Pfeffer

2 Tomaten (à 80 g)

125 g Mozzarella (abgetropft)

12 Blätter Basilikum

8 Scheiben Sandwichtoast

1 Frischkäse mit Schlagsahne cremig rühren. Mit Salz und Pfeffer würzen.

2 Tomaten waschen, halbieren und mit einem Teelöffel entkernen. Fruchtfleisch fein würfeln. Mozzarella fein würfeln. Basilikum in feine Streifen schneiden. Alles mit dem Frischkäse mischen.

3 Toast entrinden. 4 Scheiben mit Frischkäse bestreichen, 4 Scheiben daraufsetzen. Diagonal halbieren und sofort servieren.

Zubereitungszeit: 25 Minuten
Pro Stück: 16 g E, 28 g F, 31 g KH = 448 kcal (1880 kJ)

BROT IN ALLEN VARIATIONEN

Die Italiener bereiten Brot in vielen Variationen zu: Tramezzini sind beliebte Snacks aus reich belegten, rindenlosen Weißbrotecken. Die Vorspeise Bruschetta besteht aus gerösteten Brotscheiben, die meist mit frischen Tomaten belegt werden. Panini nennen die Südländer ihre Brötchen, die sie fantasievoll belegen. Crostini dagegen schmecken pur als kleine, harte Brotscheiben, die als Knabberei zum Wein passen.

Gratinierter Chicorée

Dass Chicorée ein bisschen bitter schmeckt, kommt den süßen Birnen gerade recht. Mit Gorgonzola gratiniert **ein herzhafter Genuss**

Für 4 Portionen: **1** **2 nicht zu feste Birnen** waschen und in Scheiben schneiden. **4 Chicorée** halbieren und den Strunk keilförmig herausschneiden. **1 El Öl** in einer Pfanne erhitzen, **150 g dünn geschnittenen durchwachsenen Speck** darin 1–2 Min. auslassen. Herausnehmen und in eine ofenfeste Form legen. **2** Dann die Birnenscheiben in der Pfanne von jeder Seite braten und zum Speck geben. Chicoréehälften in der Pfanne von jeder Seite anbraten, herausnehmen. **30 g Butter** in die Pfanne geben. Mit **2 El Zucker** bestreuen, karamellisieren lassen. Chicorée in die Pfanne geben, in der Karamellbutter wenden und mit Salz und Pfeffer würzen. Mit **2 El Zitronensaft** ablöschen und in die Form geben. **3** Mit **150 g Gorgonzola** bestreuen. Im vorgeheizten Ofen bei 210 Grad auf der untersten Schiene 15 Min. backen (Umluft nicht empfehlenswert). Mit etwas gehackter **glatter Petersilie** bestreuen.

Zubereitungszeit: 40 Minuten
Pro Portion: 15 g E, 31 g F, 21 g KH = 432 kcal (1807 kJ)

Spanischer Kartoffeleintopf

Deftig-pikant mit Paprika und Chorizo und leichter, als man glaubt – zumindest leichter als in Spanien

Für 4 Portionen: 1 Je **1 rote** und **grüne Paprikaschote** waschen, entkernen und in Streifen schneiden. **2 Knoblauchzehen** sehr fein hacken. **4 mittelgroße Zwiebeln** längs sechsteln. **1 kg Kartoffeln** schälen und in 2 cm große Stücke schneiden. **180 g Chorizo** (oder Paprikasalami) häuten und in ½ cm dicke Scheiben schneiden. **2** In einem breiten Topf **2 El Olivenöl** erhitzen. Paprika bei starker Hitze darin 2–3 Min. anbraten und aus dem Topf nehmen. Zwiebeln und Chorizo in den Topf geben und 1–2 Min. anbraten. Knoblauch zugeben und kurz mitbraten. Kartoffeln, **1 Kapsel gemahlenen Safran** (0,1 g) und **1 Lorbeerblatt** zugeben. Mit **750 ml Gemüsebrühe** aufgießen. **3** Zum Kochen bringen und den Eintopf bei mittlerer bis starker Hitze 15–20 Min. kochen. Paprika zugeben und 3–5 Min. mitgaren. Mit **grobem Meersalz** (oder Speisesalz) und Pfeffer abschmecken.

Zubereitungszeit: 40 Minuten
Pro Portion: 14 g E, 19 g F, 29 g KH = 353 kcal (1479 kJ)

Hähnchenröllchen

Weil es im Dampf gegart ist, bleibt das Hähnchenfilet **zart und saftig.** Der perfekte Weg, um trockenes Fleisch auf dem Teller zu vermeiden

FÜR 4 PORTIONEN:

1 rote Chilischote

100 ml Sojasauce

4 El Apfelessig

1 El flüssiger Honig

1 Knoblauchzehe

80 g Möhren

80 g Lauch

80 g gelbe Paprikaschote

4 Hähnchenbrustfilets (à 200 g)

2–3 Tl dunkler Saucenbinder

1 Stiel glatte Petersilie

1 Chilischote längs halbieren, entkernen und fein würfeln. Mit Sojasauce, Apfelessig und Honig verrühren. Knoblauch dazupressen. Möhren schälen, Lauch und Paprika putzen, alles in ca. 8 cm lange, dünne Streifen schneiden.

2 Hähnchenbrustfilets nacheinander in einen Gefrierbeutel geben und mit einem Plattiereisen (oder Topf) ½ cm dick plattieren. Die Gemüsestreifen quer auf das Fleisch legen, dieses fest aufrollen und mit Holzspießchen feststecken.

3 Mit der Marinade in einen Gefrierbeutel geben, gut verschließen und 30 Min. in den Kühlschrank legen. Gelegentlich durchmischen. Röllchen aus der Marinade nehmen. Marinade beiseitestellen und die Röllchen einzeln mit Alufolie bonbonartig einwickeln.

4 Die Röllchen in einen Dämpfeinsatz legen. Einsatz so in einen Topf mit Wasser setzen, dass Wasser und Röllchen keinen Kontakt haben. Wasser aufkochen und das Fleisch mit geschlossenem Deckel bei mittlerer Hitze 15 Min. dämpfen.

5 Marinade in einem Topf mit 150 ml Wasser aufkochen und mit Saucenbinder binden. Zu den mit Petersilie garnierten Röllchen servieren. Dazu passt Reis.

Zubereitungszeit: 40 Minuten (plus Marinierzeit)
Pro Portion: 50 g E, 3 g F, 8 g KH = 262 kcal (1096 kJ)

SILBERNE BONBONS

Die Röllchen einzeln in Alufolie einrollen und an den Seiten wie Bonbons zudrehen. So geht der Fleischsaft nicht verloren, den man später mit in die Sauce mischen kann. Außerdem bleibt das Fleisch schön saftig.

Gebackenes Mozzarella-Sandwich

Im heißen Öl braten die **Brote knusprig braun,** der Mozzarella schmilzt im Inneren. Wichtig ist, dass Sie die Brotscheiben fest zusammendrücken

FÜR 4 PORTIONEN:

8 Scheiben Kastenweißbrot (1 cm dick)

8 Tl Tomaten-Pesto (Glas)

125 g Mozzarella

3 Stiele Basilikum

40 g magerer gekochter Schinken (in dünnen Scheiben)

2 Eier (Kl. M)

2 El Mehl

4 El Öl

1 Brotscheiben mit je 1 Tl Tomaten-Pesto bestreichen und diagonal halbieren. Mozzarella trockentupfen und in dünne Scheiben schneiden. Basilikumblättchen abzupfen. Die Hälfte der Brotscheiben mit Mozzarella, Schinken und Basilikum belegen. Mit restlichen Brotscheiben belegt fest zusammendrücken.

2 Eier auf einem Teller verquirlen, Mehl auf einen weiteren Teller geben. Brote im Mehl wenden, dann durch das Ei ziehen. Darauf achten, dass die Kanten vollgesogen sind, damit die Brote beim Braten zusammenhalten.

3 2 El Öl in einer beschichteten Pfanne erhitzen, die Hälfte der Brote darin bei mittlerer Hitze auf jeder Seite 3 Min. goldbraun braten, dann auf Küchenpapier kurz abtropfen lassen und warm halten. Übrige Brote ebenso braten.

Zubereitungszeit: 25 Minuten
Pro Portion: 17 g E, 26 g F, 36 g KH = 449 kcal (1880 kJ)

SANDWICHES BEKOMMEN FARBE

Drehen Sie die Brote mit einem Pfannen- wender erst dann, wenn die Unterseite bereits braun ist. Sonst können die Scheiben auseinanderfallen.

Wirsing-Kartoffel-Topf

Wenn Sie Lust auf etwas Deftigeres, aber trotzdem nichts Schweres haben, liegen Sie mit diesem **schnellen Eintopf** richtig

Für 4 Portionen: 1 **800 g Wirsing** längs vierteln, Strunk herausschneiden und den Wirsing in 2–3 cm große Stücke schneiden. **500 g Kartoffeln** und **200 g Möhren** schälen und in ½ cm dicke Scheiben schneiden. **3 Zwiebeln** längs halbieren und in Spalten schneiden. **2** **1,5 l Fleischbrühe** aufkochen, Wirsing, Kartoffeln, Zwiebeln, **4 Kochwürste** und **1 Tl Kümmel** zugeben. Salzen, pfeffern und bei mittlerer Hitze zugedeckt 25 Min. kochen. Mit **2 El grob gehackter glatter Petersilie** bestreut servieren.

Zubereitungszeit: 1 Stunde
Pro Portion: 21 g E, 25 g F, 24 g KH = 405 kcal (1690 kJ)

Möhren-Kokos-Suppe

Festlicher Vitamin-A-Genuss: Verhelfen Sie Ihrer Familie mit diesem samtigen Süppchen zu **Festtagsstimmung** und Luchsaugen

Für 4 Portionen: 1 **300 g Möhren** schälen und grob würfeln. **20 g frischen Ingwer** schälen und fein würfeln. **1 Zwiebel** fein würfeln. **2** **2 El Öl** in einem Topf erhitzen. Möhren, Ingwer und Zwiebeln darin 2 Min. bei mittlerer Hitze andünsten. **250 ml Gemüsebrühe** und **250 ml Möhrensaft** zugießen und zugedeckt 15 Min. kochen. Alles fein pürieren, **200 ml ungesüßte Kokosmilch** zugeben, erneut aufkochen und mit Salz und Pfeffer würzen. Mit **2 El Kokos-Chips** (oder Kokosraspeln) bestreuen.

Zubereitungszeit: 40 Minuten
Pro Portion: 2 g E, 17 g F, 7 g KH = 192 kcal (802 kJ)

Tomaten-Schichtauflauf

Wer braucht Fleisch, wenn er **aromatisches Gemüse** haben kann? Niemand – deshalb verwenden wir für den Auflauf Tomaten, Kohl und Brot

FÜR 4 PORTIONEN:

- 2 Fleischtomaten (à 300 g)
- 650 g Spitzkohl
- 175 g Kräuter-Ciabatta zum Aufbacken
- 1 Knoblauchzehe
- 1 Tl weiche Butter
- 500 ml Milch
- 4 Eier (Kl. M)
- Salz
- Pfeffer
- Muskatnuss
- 50 g geriebener Gouda

1 Tomaten in Scheiben schneiden. Spitzkohl halbieren, den Strunk entfernen und den Kohl in Spalten schneiden. Ciabatta in 1 cm dicke Scheiben schneiden.

2 Knoblauchzehe abziehen, eine Auflaufform damit ausreiben und die Form mit Butter fetten. Tomaten, Kohlspalten und Brotscheiben abwechselnd dachziegelartig in die Form schichten.

3 Milch mit Eiern, Salz, Pfeffer und etwas geriebener Muskatnuss verquirlen. Über den Auflauf gießen und mit Gouda bestreuen.

4 Im vorgeheizten Ofen bei 200 Grad auf der untersten Schiene 25 Min. backen (Umluft nicht empfehlenswert). Wenn nötig, nach etwa der Hälfte der Garzeit mit etwas Alufolie abdecken.

Zubereitungszeit: 1 Stunde
Pro Portion: 21 g E, 22 g F, 30 g KH = 411 kcal (1726 kJ)

STÜCK FÜR STÜCK

Tomaten, Spitzkohlspalten und Brot werden abwechselnd Stück für Stück in die Auflaufform geschichtet. Dabei stehen die Scheiben aufrecht in der Form, sodass sie oben schön knusprig werden und sich später besser auf die Teller verteilen lassen.

Mailänder Auflauf

Der besondere Clou: Zwischen Makkaroni-Auflauf und Tomatensauce verstecken sich zarte Schweineschnitzel. Viel Spaß beim Suchen…

FÜR 4 PORTIONEN:

- 200 g Makkaroni
- Salz
- 1 Zwiebel
- 1 Knoblauchzehe
- 4 Schweineschnitzel (à ca. 100 g)
- 3 El Öl
- Pfeffer
- 1 Pk. stückige Tomaten mit Basilikum (425 g EW)
- 250 ml Schlagsahne
- 60 g geriebener Parmesan
- 3 Eier (Kl. M)
- 30 g Semmelbrösel

1 Makkaroni in reichlich kochendem Salzwasser nach Packungsanweisung garen und gut abtropfen lassen. Zwiebel und Knoblauch fein hacken. Schnitzel halbieren und in 2 El heißem Öl auf jeder Seite scharf anbraten. Mit Salz und Pfeffer würzen und herausnehmen.

2 1 El Öl, Zwiebeln und Knoblauch in den Bratensatz geben und kurz andünsten. Tomaten zugeben, kurz aufkochen und alles in eine gefettete Auflaufform (20 cm Ø) geben. Schnitzel darauflegen, Makkaroni darüber einschichten.

3 Sahne, 30 g Parmesan und Eier verquirlen. Mit Salz und Pfeffer würzen und in die Form gießen. 30 g Parmesan und Semmelbrösel mischen, über die Makkaroni streuen. Im vorgeheizten Ofen bei 180 Grad auf der untersten Schiene 45 Min. backen (Umluft nicht empfehlenswert).

Zubereitungszeit: 1:15 Stunden
Pro Portion: 42 g E, 40 g F, 44 g KH = 707 kcal (2961 kJ)

Veggie-Burger

Glauben Sie ja nicht, dass ein Burger nur mit Fleisch schmeckt! Gemüsebuletten sind **eine super Alternative**

Für 4 Portionen: 1 **300 g Kartoffeln** 20 Min. in kochendem Salzwasser garen, abgießen, abkühlen lassen, pellen und grob reiben. Je **50 g Möhren** und **Staudensellerie** schälen, grob raspeln und gut ausdrücken. **2** Kartoffeln, Gemüse, **100 g Quark** und **1 Eigelb** (Kl. M) mischen, mit Salz, Pfeffer und frisch geriebener **Muskatnuss** würzen. Die Masse zu 4 Buletten formen. **4 Vollkornbrötchen** halbieren und die Hälften mit je **2 Tl Tomaten-Pesto** (Glas) bestreichen. **3** **125 g Mozzarella** in Scheiben schneiden, **2 El Öl** in einer Pfanne erhitzen und die Buletten von beiden Seiten 3–4 Min. braten. Brötchen mit den vorbereiteten Zutaten, je **2 Basilikumblättchen** und einigen **Staudenseriblättern** zusammensetzen.

Zubereitungszeit: 50 Minuten (plus Kühlzeit)
Pro Portion: 16 g E, 18 g F, 37 g KH = 383 kcal (1603 kJ)

Hühnerkeulen vom Blech

Das schnellste Huhn der Welt: Nur ein Viertelstündchen dauert die Vorbereitung, den Rest erledigt Ihr Ofen

Für 4 Portionen: 1 4 El Olivenöl, 1 Tl edelsüßes Paprikapulver, 3 Tl getrocknete italienische Kräuter, 1 durchgepresste Knoblauchzehe, Salz und Pfeffer mischen. **3 rote Zwiebeln** schälen und sechsteln. **8 ungeschälte Knoblauchzehen** mit der breiten Seite eines großen Messers andrücken. Mit den Zwiebeln, **4 Hähnchenkeulen** (à 250 g) und dem Gewürzöl in einer Schüssel mischen. Dabei das Öl gut ins Fleisch massieren. **2** Alles auf einem Backblech verteilen und im vorgeheizten Ofen bei 200 Grad (Umluft 180 Grad) auf der untersten Schiene 35–40 Min. braten. Nach 25 Min. die Keulen mit Bratfett bestreichen.

Zubereitungszeit: 50 Minuten
Pro Portion: 34 g E, 31 g F, 2 g KH = 423 kcal (1768 kJ)

Möhren-Pflanzerln

In unseren Buletten steckt **ein gesunder Inhalt** – nämlich Möhren und Petersilie. Dazu gibt's eine scharfe Senfsauce

FÜR 4 PORTIONEN:

2 Scheiben Toastbrot

1 Zwiebel

120 g Möhren

½ Bund krause Petersilie

500 g gemischtes Hack

1 Ei (Kl. M)

Pfeffer

Salz

Öl zum Formen

2 El Butterschmalz

120 ml Fleischbrühe

150 g Crème fraîche

je 1 El scharfer und körniger Senf

1 Toastbrot in kaltem Wasser einweichen. Zwiebel fein würfeln. Möhren schälen und raspeln. Petersilienblättchen abzupfen und hacken. Toastbrot kräftig ausdrücken und zerpflücken.

2 Hack, Ei, Zwiebeln, Möhren, Petersilie und Toastbrot in eine Schüssel geben. Mit Pfeffer und Salz würzen und zu einem glatten Teig verkneten.

3 Mit geölten Händen 8–12 Frikadellen aus dem Teig formen. Butterschmalz in einer großen Pfanne erhitzen. Frikadellen darin bei mittlerer Hitze auf jeder Seite 4–5 Min. braten, herausheben und warm stellen.

4 Brühe in die Pfanne geben und den Bratensatz damit lösen. Brühe durch ein Sieb in einen Topf geben. Crème fraîche einrühren und aufkochen. Beide Senfsorten einrühren und mit Salz und Pfeffer abschmecken.

Zubereitungszeit: 35 Minuten
Pro Portion: 28 g E, 44 g F, 9 g KH = 548 kcal (2295 kJ)

Funghi e fagioli

Die **Öhrchennudeln passen besonders gut** zu Gemüsesaucen und Ragouts. Aufgrund ihrer Form können sie reichlich Sauce aufnehmen

FÜR 4 PORTIONEN:

- 1 Dose weiße Bohnen (400 g EW)
- 2 Knoblauchzehen
- 1 Zwiebel
- 350 g Champignons
- 400 g Orecchiette
- Salz
- 3 El Öl
- 1 Dose Pizzatomaten (400 g EW)
- 125 ml Gemüsebrühe
- Pfeffer
- Zitronensaft
- 60 g frisch geriebener Parmesan

1 Bohnen in einem Sieb gut abtropfen lassen. Knoblauchzehen und Zwiebel fein würfeln. Champignons putzen und je nach Größe halbieren oder vierteln.

2 Orecchiette in reichlich kochendem Salzwasser nach Packungsanweisung garen.

3 Öl in einer beschichteten Pfanne erhitzen und die Pilze darin bei sehr starker Hitze anbraten. Knoblauch und Zwiebeln dazugeben und weitere 2 Min. bei etwas verringerter Hitze braten.

4 Pizzatomaten in die Pfanne geben und mit Brühe auffüllen. Zugedeckt 4 Min. sanft schmoren. Die Bohnen dazugeben und weitere 3 Min. dünsten. Mit Salz, Pfeffer und etwas Zitronensaft würzen.

5 Nudeln abgießen und gut abtropfen lassen. Mit dem Pilz-Sugo mischen und mit reichlich Parmesan bestreuen.

Zubereitungszeit: 35 Minuten
Pro Portion: 23 g E, 16 g F, 78 g KH = 553 kcal (2319 kJ)

Käseklöße

Warum sich den Küchenalltag schwer machen? Ein wenig tricksen ist erlaubt! Zum Beispiel mit einem **raffiniert aufgepeppten Fertigprodukt**

Für 4 Portionen: 1 **1 Pk. Kartoffelknödelteig** (halb und halb) in eine große Schüssel geben. **150 g Bergkäse** in Würfel schneiden und dazugeben. **2** 750 ml kaltes Wasser unterrühren und die Knödelmasse nach Packungsanweisung quellen lassen. **3** 20 kleine Knödel formen, in kochendes Salzwasser geben, kurz aufkochen und von der Herdplatte nehmen. 15 Min. im heißen Wasser ziehen lassen. **4** Kurz vor Ende der Garzeit **100 g Butter** in einer Pfanne aufschäumen lassen. **25 g gemahlene Haselnusskerne**, 25 g **Semmelbrösel** und **1 El gehackte Petersilie** dazugeben, salzen und pfeffern. Die abgetropften Klöße mit der Bröselbutter servieren.

Zubereitungszeit: 35 Minuten
Pro Portion: 14 g E, 36 g F, 39 g KH = 539 kcal (2254 kJ)

Umbrischer Pilzsalat

Die Küche der italienischen Region Umbrien ist gleichzeitig **edel und naturbelassen** – aber schmecken Sie doch einfach selbst!

Für 4 Portionen: 1 250 g Staudensellerie und **300 g braune Champignons** putzen und in sehr feine Scheiben schneiden. Blätter von **1 Bund Basilikum** abzupfen und grob zerzupfen. **2** In einer Schüssel mit grob gemahlenem **schwarzem Pfeffer**, **50 g gehobeltem Parmesan** und **2 El Zitronensaft** mischen. **3** Auf 4 Teller verteilen und mit je **2 El Olivenöl** beträufeln. Mit **grobem Meersalz** bestreuen.

Zubereitungszeit: 20 Minuten
Pro Portion: 6 g E, 24 g F, 2 g KH = 250 kcal (1048 kJ)

Suppengrün-Hackbraten

Stattlicher Braten **mit geringem Aufwand:** Die bunten Gemüsewürfel halten das Fleisch saftig und sind gesund. Dazu gibt's cremige Senfsauce

FÜR 4–6 PORTIONEN:

2 Brötchen vom Vortag

1 mittelgroßes Bund Suppengrün

2 Zwiebeln

35 g Butter

2 El edelsüßes Paprikapulver

1 El Tomatenmark

800 g gemischtes Hack

2 Eier (Kl. M)

Salz

Pfeffer

125 g Crème fraîche

125 ml Milch

2 El körniger Senf

1 Bund Schnittlauch

1 Brötchen in heißem Wasser 10 Min. einweichen. Inzwischen Suppengrün putzen, schälen und in ½ cm große Würfel schneiden. Zwiebeln fein würfeln.

2 Butter in einer Pfanne erhitzen, das Gemüse und die Zwiebeln darin bei mittlerer Hitze unter Rühren 5 Min. dünsten. Paprikapulver und Tomatenmark unterrühren. Etwas abkühlen lassen.

3 Hack in einer Schüssel mit dem Gemüse, den Eiern, Salz und Pfeffer vermengen. Brötchen gut ausdrücken, in kleine Stücke teilen und mit dem Fleisch mischen.

4 Fleisch auf ein mit Backpapier ausgelegtes Blech geben und zu einem Braten von ca. 4 cm Höhe formen. Im vorgeheizten Ofen bei 190 Grad auf der untersten Schiene 50 Min. braten (Umluft nicht empfehlenswert).

5 5 Min. vor Ende der Garzeit Crème fraîche mit Milch und Senf aufkochen. Schnittlauch fein schneiden und untermischen, mit Salz und Pfeffer würzen. Den Braten in Scheiben schneiden und mit der Sauce servieren.

Zubereitungszeit: 1:20 Stunden
Pro Portion (bei 6): 31 g E, 38 g F, 13 g KH = 520 kcal (2184 kJ)

Mini-Calzone

Frisch und knusprig, diese gebackenen Mini-Pizzen. Bei der Füllung werden Sie selbst kreativ. Hier ein Beispiel:

FÜR 6 STÜCK:

80 g Chili-Gouda

3 Scheiben Ananas (Dose)

1 Zwiebel

1 Pk. Pizzateig
(400 g, fertig ausgerollt)

12 Tl Ajvar

80 g Hähnchenbrust-
aufschnitt (hauchdünn
geschnitten)

3 El Kondensmilch

1 Käse reiben, Ananasscheiben halbieren. Zwiebel in feine Ringe schneiden oder hobeln. Pizzateig entrollen, 6 Pizzen (à 12 cm Ø) ausstechen und auf ein mit Backpapier ausgelegtes Blech legen.

2 Pizzen mit je 2 Tl Ajvar bestreichen, dabei rundherum einen ½ cm breiten Rand frei lassen. Aufschnitt, Ananas, Zwiebelringe und Käse darauf verteilen. Ränder dünn mit Kondensmilch bestreichen und die Pizzen überklappen. Ränder mit einer Gabel fest zusammendrücken.

3 Die Oberseite der Pizzataschen dünn mit Kondensmilch bestreichen und im vorgeheizten Ofen bei 220 Grad (Umluft 200 Grad) auf der untersten Schiene 15–18 Min. goldbraun backen.

Zubereitungszeit: 40 Minuten
Pro Stück: 11 g E, 15 g F, 29 g KH = 308 kcal (1286 kJ)

Kohl-Lamm-Eintopf

Minimaler Aufwand, maximaler Geschmack: Überlassen Sie dem Ofen die Arbeit. Ein ideales Essen auch für Gäste

Für 4 Portionen: **1** 600 g **Lammfleisch** fein würfeln. **3 Zwiebeln** in halbe Ringe schneiden. **750 g Weißkohl** putzen, den Strunk keilförmig herausschneiden und den Kohl in Streifen schneiden. **500 g Kartoffeln** schälen, in 3 mm dicke Scheiben schneiden. **2** 2 El Öl erhitzen, Fleisch portionsweise darin anbraten, salzen und pfeffern. Alles in ein feuerfestes Gefäß (mit Deckel) schichten, dabei jede Schicht mit Salz, Pfeffer und etwas **Kümmelsaat** würzen. **500 ml Fleischbrühe** und **1 Lorbeerblatt** zugeben. **3** Im vorgeheizten Ofen bei 200 Grad (Umluft 180 Grad) zugedeckt auf der untersten Schiene ca. 1:20 Std. garen. Mit **2 El Petersilienblättchen** bestreuen.

Zubereitungszeit: 1:50 Stunden
Pro Portion: 35 g E, 12 g F, 22 g KH = 349 kcal (1465 kJ)

Gelber Nudelsalat

Gelb ist die Farbe der Sonne, des Currys und der Ananas. Und unseres **fruchtig-exotischen** Nudelsalats!

Für 6–8 Portionen: 1 500 g Spiralnudeln in reichlich kochendem Salzwasser nach Packungsanweisung garen. 1 Min. vor Ende der Garzeit **175 g TK-Erbsen** dazugeben. Abgießen, abschrecken und abkühlen lassen. **2** Inzwischen **250 g frische Ananas** in kleine Würfel schneiden. Das Weiße und Hellgrüne von **3 Frühlingszwiebeln** in feine Scheiben schneiden. In einem Topf **1 El Öl** bei mittlerer Hitze erwärmen und kurz **2 El Currypulver** darin andünsten. **3** Das Currypöl mit **150 g Mayonnaise** und **1 El gehacktem Koriandergrün** mischen. Mit **1 El Limettensaft**, Salz und Pfeffer würzen. Mit Nudeln, Ananas und Zwiebeln mischen.

Zubereitungszeit: 25 Minuten
Pro Portion (bei 8): 10 g E, 19 g F, 51 g KH = 413 kcal (1730 kJ)

Buttermilchcreme mit Himbeeren

Kühl und erfrischend, dabei cremig und fruchtig: ein leicht bekömmliches Dessert, das sich **prima vorbereiten** lässt

1 Gelatine in der Buttermilch einweichen, herausnehmen und in einem kleinen Topf bei milder Hitze auflösen. Buttermilch unter Rühren zugießen. 1 Tl Limettenschale fein abreiben und beiseitestellen. Limette auspressen und 4 Tl Saft zur Buttermilch geben. 80 g Zucker untermischen und die Buttermilch ca. 30 Min. kalt stellen, bis sie zu gelieren beginnt.

2 Inzwischen die Sahne steif schlagen. In mehreren Portionen unter die Buttermilchmischung heben. In 6 Gläser (à 250 ml Inhalt) füllen und mind. 3 Std. kalt stellen.

3 Himbeeren auftauen. 3 El davon mit 20 g Zucker mischen und fein pürieren. Mit der Limettenschale unter die restlichen Früchte heben und kurz vor dem Servieren die Buttermilchcreme damit garnieren.

Zubereitungszeit: 40 Minuten (plus Kühlzeiten)
Pro Portion: 5 g E, 13 g F, 23 g KH = 238 kcal (997 kJ)

BUTTERMILCH

Aus der Milchflüssigkeit, die bei der Entstehung von Butter übrig bleibt, wird frisch-säuerlich schmeckende, dickflüssige Buttermilch hergestellt. Bei Süßrahmbutter müssen Bakterien zugesetzt werden, bei Sauerrahmbutter nicht. Buttermilch ist nicht lange haltbar und hat einen niedrigen Fettgehalt von maximal 1 Prozent.

Kräuternester

Verschönern jeden **Frühstückstisch:** Die Nester aus Quark-Öl-Teig sind schnell gemacht und schmecken lauwarm am besten

FÜR 8 STÜCK:

250 g Mehl

1 Pk. Backpulver

3 El Schnittlauchröllchen

3 El gehackte Petersilie

Salz

300 g Magerquark

7 El Öl

11 Eier (Kl. M)

1 Mehl, Backpulver, Kräuter und 2½ Tl Salz in einer Schüssel mischen. Quark, 6 El Öl, 2 Eier und 1 Eiweiß zugeben. Mit den Knethaken des Handrührers zu einem glatten Teig verkneten.

2 Den Teig zu einer 30 cm langen Rolle formen und in 8 gleich große Stücke schneiden. Jeweils 1 Stück halbieren und zu 2 Rollen à 25 cm Länge formen. Die beiden Rollen ineinander verdrehen und zu einem Kranz formen. Die übrigen Teigstücke ebenso verarbeiten und die Kränze auf ein mit Backpapier ausgelegtes Blech legen. 1 Eigelb mit 1 El Wasser verquirlen und die Oberseite der Kränze damit bestreichen.

3 8 Eier anstechen. 1 El Öl in den Händen verteilen und die Eier damit einreiben. Je 1 Ei mit der angestochenen Seite nach unten in die Mitte eines Teigkranzes setzen. Im vorgeheizten Ofen bei 180 Grad (Umluft 160 Grad) auf der untersten Schiene 30 Min. backen.

Zubereitungszeit: 1 Stunde
Pro Stück: 18 g E, 18 g F, 25 g KH = 341 kcal (1430 kJ

EIN NEST FÜRS OSTERFEST
Teigrolle gleichmäßig in 8 Stücke teilen, dann die Stücke halbieren und zu Rollen formen. Zwei Rollen ineinander verdrehen, zum Kranz formen und den Teig mit Eigelb bestreichen. Dann ein rohes Ei in die Mitte setzen und das Nest im Ofen backen.

Granatapfel-Couscous

Wer ahnt schon, dass sich hinter dem Wort „Sättigungsbeilage" neben schnöden Salzkartoffeln auch **diese Köstlichkeit** verbergen kann

Für 6–8 Portionen: **1** 1 Granatapfel quer halbieren, Kerne herauslösen. **2** 300 ml Salzwasser in einem Topf aufkochen, **300 g Couscous** und **1 Stange Zimt** zugeben, von der Herdplatte nehmen und 3 Min. zugedeckt quellen lassen. Mit Pfeffer würzen. **1 El weiche Butter**, Granatapfelkerne und **2 El gehackte Petersilie** mit einer Gabel untermischen.

Zubereitungszeit: 15 Minuten
Pro Portion (bei 8): 5 g E, 2 g F, 26 g KH = 147 kcal (621 kJ)

Wurstrollen

So aromatisch sind Würstchen im Schlafrock neuerdings: Jede Menge Kräuter und Senf sorgen für **Geschmack unter der Knusperhülle**

Für 4 Portionen: **1** **4 TK-Blätterteigplatten** (à 60 g) nebeneinanderliegend auftauen lassen. **200 g Fleischwurst** pellen und längs vierteln. **2 El extrascharfen Senf** und **4 Tl TK-Kräuter-der-Provence** verrühren. **2** Blätterteig auf einer leicht bemehlten Arbeitsfläche etwas breiter ausrollen. Wurstviertel rundherum mit Kräutersenf bestreichen und auf je 1 Stück Teig legen. Ränder mit Wasser bestreichen, Teig über die Wurst klappen und die Seitenränder mit einer Gabel fest zusammendrücken. Rollen mit der Naht nach unten auf ein mit Backpapier ausgelegtes Blech legen. **3** Mit **2 El Kondensmilch** bestreichen und im vorgeheizten Ofen bei 210 Grad (Umluft 190 Grad) auf der untersten Schiene 20 Min. goldbraun backen.

Zubereitungszeit: 30 Minuten
Pro Portion: 11 g E, 27 g F, 22 g KH = 384 kcal (1607 kJ)

Gefüllter Blumenkohl

Blumenkohl füllen? Aber sicher! Das Hackfleisch wird von unten zwischen den Röschen verteilt und **bleibt beim Garen saftig**

FÜR 4 PORTIONEN:

- **1 Blumenkohl (ca. 1 kg)**
- Salz
- **120 g Zwiebeln**
- **2 El Tomatenmark**
- **1 Ei (Kl. M)**
- **3 El gehackte Petersilie**
- Pfeffer
- **500 g gemischtes Hack**
- **1 Bund Kerbel**
- **3 Eigelb (Kl. M)**
- **1 El Zitronensaft**
- **4 Tl Senf**
- **75 g Sahnejoghurt**
- **175 g Butter**

1 Blumenkohl putzen, dabei den Strunk so weit wie möglich herausschneiden. Blumenkohl in kochendes Salzwasser geben und 5 Min. sprudelnd kochen lassen. Herausheben und in kaltem Wasser abkühlen lassen.

2 Zwiebeln fein würfeln. Mit Tomatenmark, 1 Ei, Petersilie, Salz, Pfeffer und Hack verkneten.

3 Blumenkohl abtropfen lassen. Die Hälfte der Hackmasse von der Unterseite her zwischen die Blumenkohlröschen drücken. Restliches Hack auf ein großes Stück gefettete Alufolie geben, Blumenkohl mit der Unterseite daraufsetzen und die Folie locker darüber verschließen. Auf ein Blech setzen und im vorgeheizten Ofen bei 180 Grad auf der untersten Schiene 1 Std. garen (Umluft nicht empfehlenswert).

4 Inzwischen die Kerbelblättchen abzupfen und fein hacken. Eigelbe, Zitronensaft, Senf, Salz und Joghurt in ein hohes Gefäß geben und mit dem Schneidstab glatt mixen. Butter kurz aufkochen. In einem dünnen Strahl mit dem Schneidstab unter die Joghurtmischung mixen. Mit Salz und Pfeffer würzen, Kerbel unterrühren. Sauce zum Blumenkohl servieren.

Zubereitungszeit: 1:30 Stunden
Pro Portion: 32 g E, 67 g F, 8 g KH = 766 kcal (3210 kJ)

Apfel-Schinken-Salat

Nicht nur für die Brotzeit: Diesen Salat können Sie zu jeder Tages- und Nachtzeit essen. Umso besser, dass er **so schnell gemacht ist**

FÜR 4 PORTIONEN:

2 kleine Äpfel (z. B. Elstar)

5 El Zitronensaft

200 g Brombeeren

40 g Haselnusskerne

100 g Schwarzwälder Schinken

3 Stiele Zitronenmelisse

2–3 Tl Honig

½ Tl abgeriebene Bio-Zitronenschale

Salz

Pfeffer

4 El Öl

1 Äpfel waschen und ungeschält auf einem Gemüsehobel in dünne Stifte hobeln. In eine Schüssel geben und mit 1 El Zitronensaft mischen. Brombeeren waschen, evtl. halbieren. Haselnüsse grob hacken. Schinken in Streifen schneiden und mit den Nüssen und Brombeeren zu den Äpfeln geben.

2 Zitronenmelisseblätter von den Stielen zupfen und grob schneiden. 4 El Zitronensaft mit Honig, Zitronenschale, Zitronenmelisse, Salz, Pfeffer und Öl verrühren. Das Dressing über die Obst-Schinken-Mischung geben und vorsichtig mischen. Mit einigen Melisseblättern bestreut servieren. Dazu passt frisches Landbrot.

Zubereitungszeit: 20 Minuten
Pro Portion: 7 g E, 18 g F, 15 g KH = 265 kcal (1109 kJ)

Spätzlesalat

Spätzle in einer Vinaigrette? Warum nicht! Mit lauwarmen Linsen und Feldsalat schmecken die **schwäbischen Nudeln** ganz hervorragend

Für 4 Portionen: 1 100 g rote Linsen in kochendes Wasser geben und 6 Min. bissfest garen. Abgießen und abschrecken. In einer Schüssel mit **2–3 El Rotweinessig**, **8 El Olivenöl**, 4 El Wasser (oder kalter Brühe), **1 Tl Senf**, etwas Zucker, Salz und Pfeffer verrühren. **2 150 g Feldsalat** waschen, putzen und trockenschleudern. Auf Teller verteilen. **3 400 g Spätzle** (Kühlregal) in **30 g Butter** knusprig anbraten. ⅔ der Vinaigrette in die Pfanne geben und die Spätzle darin schwenken. Spätzle um den Salat verteilen und die restliche Vinaigrette über den Salat geben.

Zubereitungszeit: 40 Minuten
Pro Portion: 12 g E, 29 g F, 42 g KH = 485 kcal (2029 kJ)

Gelbes Erbspüree

Aus Erbsen lässt sich ebenso gut ein kräftiges Püree zubereiten wie aus Kartoffeln. **Speck und gedünstete Zwiebeln** runden den Geschmack ab

Für 4 Portionen: 1 250 g gelbe Schälerbsen in 500 ml kaltem Wasser zugedeckt aufkochen und bei milder Hitze 1 Std. weich kochen. **2 300 g Zwiebeln** in 3 mm dicke Ringe schneiden. **100 g durchwachsene Speckstreifen** in einer Pfanne bei mittlerer Hitze knusprig auslassen. Speck aus der Pfanne nehmen, die Zwiebeln im Fett hellbraun dünsten. **3** Erbsen mit Kochflüssigkeit pürieren und unter Rühren 5–10 Min. zu einem dicken Püree einkochen lassen. **½ El Butter** unterheben und mit Salz und Pfeffer würzen. Mit Speck und Zwiebeln bestreut servieren.

Zubereitungszeit: 1:15 Stunden
Pro Portion: 19 g E, 9 g F, 29 g KH = 290 kcal (1213 kJ)

Bohnen-Tomaten

Gefüllt wie noch nie: Fleischtomaten mit grünen Bohnen sehen einfach sensationell aus. Und das Beste: Sie schmecken auch so

FÜR 4 PORTIONEN:

400 g grüne Bohnen

Salz

4 Fleischtomaten
(à ca. 350 g)

150 g Ziegen-Camembert

4 Stiele Bohnenkraut

Pfeffer

8 Scheiben roher Schinken

1 Bohnen putzen, in reichlich kochendem Salzwasser ca. 8 Min. garen, abgießen und abschrecken.

2 Von den Tomaten am Stielansatz einen Deckel abschneiden. Das Tomateninnere vorsichtig mit einem Esslöffel herauslösen. Die Tomaten mit der Öffnung nach unten auf Küchenpapier abtropfen lassen. Die Hälfte des herausgelösten Fruchtfleisches klein würfeln.

3 Camembert klein würfeln. Bohnenkrautblättchen abzupfen und hacken. Beides mit dem gewürfelten Fruchtfleisch mischen, mit Salz und Pfeffer würzen.

4 Die Tomaten mit der Öffnung nach oben auf ein Blech oder in Auflaufformen legen und je 2 Scheiben Schinken über Kreuz hineinlegen. Die Bohnen daraufgeben und die Tomaten-Käse-Mischung darüber verteilen.

5 Im vorgeheizten Ofen bei 200 Grad auf der untersten Schiene 15 Min. überbacken (Umluft nicht empfehlenswert). Nach 10 Min. die Tomatendeckel mit auf das Blech legen.

Zubereitungszeit: 55 Minuten
Pro Portion: 18 g E, 11 g F, 9 g KH = 217 kcal (916 kJ)

Käse-Lauch-Muffins

Besser, Sie backen **gleich die doppelte Menge** Muffins. Denn die sind so schnell weggefuttert, so schnell können Sie gar nicht gucken

FÜR 12 STÜCK:

100 g Emmentaler

120 g Lauch

½ Apfel (100 g)

150 g Butter

1 Ei (Kl. M)

6 El Milch

1 Tl getrockneter Thymian

Salz

Pfeffer

250 g Mehl

1 Pk. Backpulver

1 20 g Emmentaler reiben, den restlichen Käse in sehr kleine Würfel schneiden. Lauch putzen, waschen und in dünne Ringe schneiden. Apfel ungeschält halbieren, Kerngehäuse entfernen, in ½ cm große Würfel schneiden.

2 Butter in einem Topf zerlassen und beiseitestellen. 2 El davon in eine Pfanne geben, Lauch und Äpfel darin unter Rühren bei mittlerer Hitze 5 Min. braten, Pfanne beiseitestellen.

3 Restliche Butter, Ei und Milch mit den Quirlen des Handrührers verrühren. Thymian, Salz und Pfeffer unterrühren. Käsewürfel, Lauch und Äpfel unterrühren. Mehl und Backpulver mischen und nur kurz unter den Teig rühren, sodass sich die Zutaten gerade verbinden.

4 12 Muffinmanschetten in die Mulden eines Muffinblechs verteilen, Teig hineingeben und mit geriebenem Käse bestreuen. Im vorgeheizten Ofen bei 200 Grad (Umluft 180 Grad) auf der untersten Schiene 20–25 Min. backen. Lauwarm servieren.

Zubereitungszeit: 45 Minuten
Pro Stück: 5 g E, 13 g F, 16 g KH = 212 kcal (888 kJ)

Tipp!

Man kann den Teig auch direkt in den gefetteten Muffinmulden backen.

Gemüsekuchen

Möhren, Zucchini und Röstzwiebeln tummeln sich in diesem Kuchen. Ei, Mehl und Käse geben dem Gemüse Halt

Für 10–12 Stücke: 1 120 g **Möhren** schälen, **130 g Zucchini** putzen. Möhren, Zucchini und **100 g Emmentaler** raspeln. **150 g Butter** zerlassen und etwas abkühlen lassen. Mit **1 Ei** (Kl. M) und **6 El Milch** verrühren. Möhren, Zucchini, Emmentaler, **1 El frisch geriebenen Parmesan** und **30 g Röstzwiebeln** untermischen, salzen und pfeffern. **2** 250 g **Mehl** und **1 Pk. Backpulver** mischen. Kurz unter den Gemüseteig rühren. Teig in eine gefettete und bemehlte Springform (26 cm Ø) streichen. Im vorgeheizten Ofen bei 200 Grad (Umluft 180 Grad) auf der untersten Schiene 25 Min. backen. Gemüsekuchen in der Form auf einem Rost abkühlen lassen.

Zubereitungszeit: 15 Minuten (plus Back- und Abkühlzeit)
Pro Stück (bei 12): 5 g E, 15 g F, 17 g KH = 236 kcal (989 kJ)

Mediterraner Max

Geniale Variante: deutsche Hausmannskost mit südlichen Zutaten
verfeinert – bietet **schnelle Abwechslung** im Küchenalltag!

Für 4 Portionen: 1 2 rote Paprikaschoten (à 200 g) vierteln und entkernen. Mit der
Hautseite nach oben auf ein Blech legen. Unter dem heißen Backofengrill auf der
2. Schiene von oben 10–12 Min. rösten, bis die Haut schwarz wird und Blasen wirft.
Mit einem feuchten Tuch bedeckt abkühlen lassen. Inzwischen **4 Scheiben Weißbrot**
unter dem heißen Backofengrill von beiden Seiten hellbraun rösten. **2** Paprika häuten
und in Streifen schneiden. **1 Zwiebel** und **1 Knoblauchzehe** in feine Streifen schneiden.
2 Frühlingszwiebeln putzen, waschen und das Weiße und Hellgrüne fein schneiden.
Alles in **1 El Olivenöl** andünsten. Paprika darin erwärmen. Mit **2 El Weißweinessig**
und **3 El Olivenöl** mischen, salzen und pfeffern. **3** Paprikasalat und **80 g Serranoschinken**
auf den Broten verteilen. **8 Basilikumblätter** darauf verteilen. **1 El Öl** in einer Pfanne
erhitzen, **4 Eier** (Kl. M) darin in 3–4 Min. als Spiegeleier braten. Auf die Brote geben.
Dazu passt Basilikumjoghurt.

Zubereitungszeit: 45 Minuten
Pro Portion: 15 g E, 22 g F, 18 g KH = 333 kcal (1396 kJ)

Schweinegulasch-Pie

Vorweihnachtliche Gulasch-Variante: mit Rosinen, Mandeln, Zimt und Blätterteighaube ein **wahres Festessen**

FÜR 4 PORTIONEN:

3 Zwiebeln

800 g Schweinegulasch

2 El Öl

Salz

Pfeffer

1–2 Tl Zimt

1 Dose geschälte Tomaten (425 g EW)

100 ml Fleischbrühe

100 g Rosinen

50 g Mandelstifte

5 TK-Blätterteigplatten (18 x 10 cm, aufgetaut)

1 Ei (Kl. M)

1 El Milch

1 Zwiebeln würfeln, Fleisch in 2 cm große Würfel schneiden. Öl erhitzen und das Fleisch portionsweise kräftig darin anbraten. Zwiebeln zufügen und kurz mitbraten. Mit Salz, Pfeffer und Zimt würzen. Tomaten grob zerkleinern, zum Fleisch geben und mit Brühe ablöschen. Rosinen und Mandeln zufügen, bei mittlerer Hitze zugedeckt 1 Std. schmoren. In eine Auflaufform (30 x 20 cm) geben.

2 Teigplatten nebeneinander auf eine bemehlte Arbeitsfläche legen und auftauen lassen. Ei trennen, Eigelb mit Milch verquirlen.

3 Teigplatten übereinanderlegen, auf einer bemehlten Fläche etwas größer als die Form ausrollen. 2 Teigplatten übereinanderlegen, dünn ausrollen, in lange Streifen schneiden. Ränder der Form mit Eiweiß bestreichen, mit ausgerolltem Teig abdecken und Rand gut andrücken. Kreuzweise mit Teigstreifen dekorieren und mit Eiermilch bestreichen. Im vorgeheizten Ofen bei 220 Grad (Umluft 200 Grad) auf der untersten Schiene 12–15 Min. backen.

Zubereitungszeit: 1:45 Stunden
Pro Portion: 50 g E, 46 g F, 42 g KH = 793 kcal (3316 kJ)

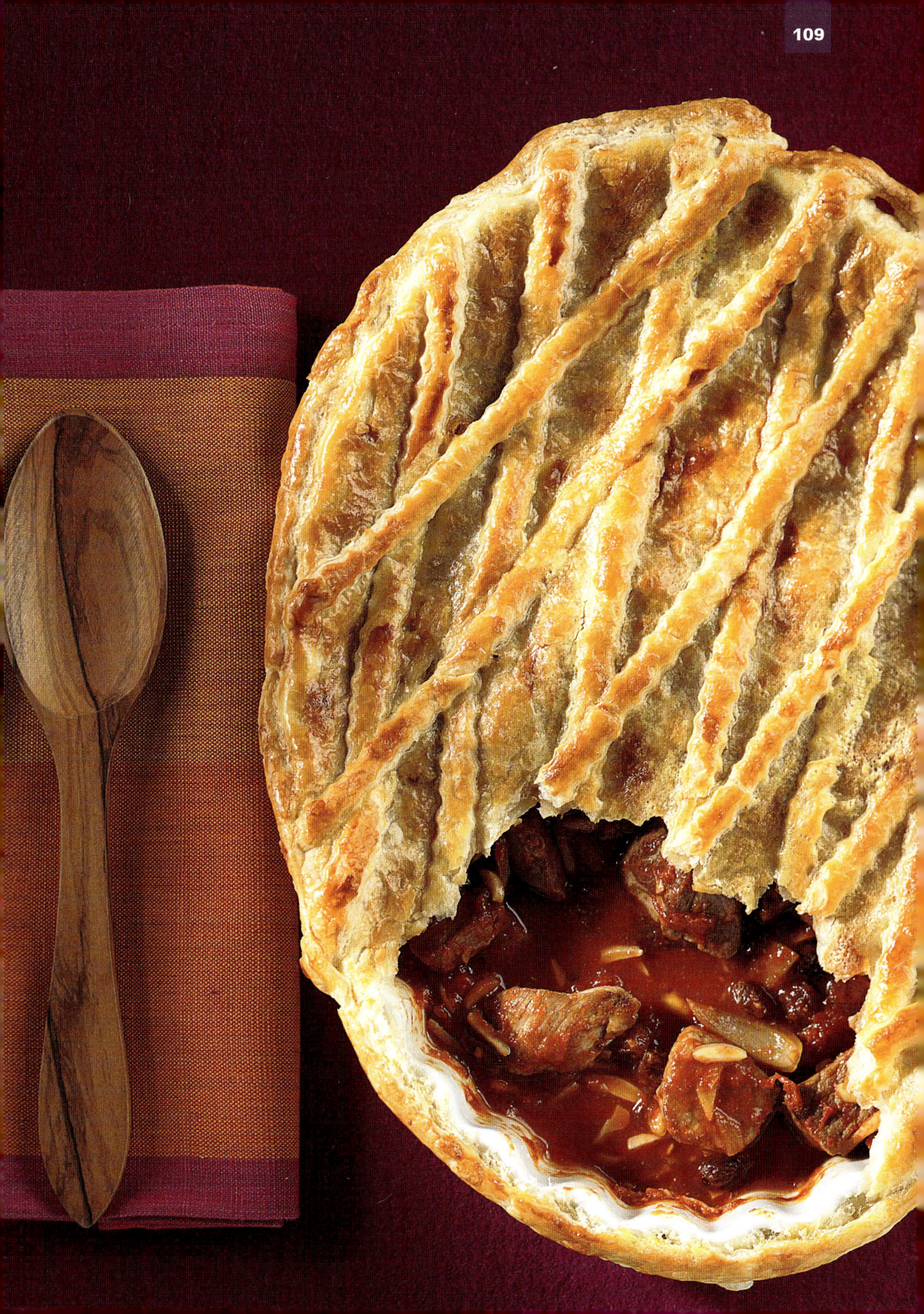

Birnen-Schoko-Tarte

Schön schokoladig: Diese Tarte ist die Krönung der Kaffeetafel. Birnen und Schoki sind nämlich eine **unschlagbare Kombination**

FÜR 8 STÜCKE:

200 g Vollkornkekse

120 g zerlassene Butter

450 g reife Birnen

5 El Zitronensaft

3 Eier (Kl. M, getrennt)

4 El Zucker

3 gestr. Tl Kakaopulver

1 Vollkornkekse fein zerbröseln und mit der Butter vermischen. In eine am Boden mit Backpapier ausgelegte Springform (24 cm Ø) geben und gut festdrücken. Dabei einen 1 cm hohen Rand formen. 15 Min. kühl stellen.

2 Birnen schälen, halbieren und vorsichtig mit einem kleinen Messer entkernen. Die Birnenhälften der Länge nach fächerartig einschneiden und mit Zitronensaft beträufeln.

3 Eiweiße mit den Quirlen des Handrührers steif schlagen. Nach und nach 2 El Zucker einrieseln lassen und 3 Min. weiterschlagen, bis eine cremig-feste Masse entsteht. Eigelbe, 2 El Zucker und 2½ Tl Kakaopulver mind. 5 Min. sehr cremig schlagen. Den Eischnee unterheben und alles auf den Bröselboden geben.

4 Die Birnen auf die Kakaomasse setzen und leicht andrücken, sodass sie sich fächerartig öffnen. Im vorgeheizten Ofen bei 180 Grad (Umluft 160 Grad) auf der mittleren Schiene 35–40 Min. backen. Mit ½ Tl Kakaopulver bestäubt servieren.

Zubereitungszeit: 1:10 Stunden
Pro Stück: 6 g E, 21 g F, 31 g KH = 342 kcal (1432 kJ)

Pizzaschnecken

Sie hatten einen anstrengenden Tag im Büro und sind gereizt? Lassen Sie Dampf ab – und **machen Sie die Pizza zur Schnecke**

Für 10 Stück: **1** **50 g getrocknete Tomaten** (in Öl) mit **2 El Tomatenmark** fein pürieren. **2** **1 Pk. Pizzateig** (Kühlregal, fertig ausgerollt 36 x 27 cm) entrollen und mit der Tomatenmasse bestreichen. **3** **100 g gekochten Schinken** fein würfeln. Mit **100 g fein geriebenem Bergkäse** (z. B. Comté) und **1–2 Tl getrocknetem Oregano** mischen und auf dem Pizzaboden verteilen. **4** Teig aufrollen und in 10 Scheiben schneiden. **5** Pizzaschnecken auf ein mit Backpapier ausgelegtes Blech legen, im vorgeheizten Ofen bei 210 Grad auf der untersten Schiene 25 Min. backen (Umluft nicht empfehlenswert).

Zubereitungszeit: 45 Minuten
Pro Stück: 7 g E, 5 g F, 19 g KH = 151 kcal (631 kJ)

Käse-Chicorée

Ein bisschen bitter schmeckt der Chicorée – und genau das ist seine
Stärke. Mit Speck und Käse ein **unschlagbares Essvergnügen**

Für 4 Portionen: 1 50 g **Südtiroler Speck** (in Scheiben) quer in 1 cm breite Streifen
schneiden. **3 Chicorée** (à 220 g) putzen und längs vierteln. **2 El Olivenöl** in einem weiten
Topf erhitzen, Speck darin bei mittlerer Hitze knusprig braten. Chicorée dazugeben und
auf beiden Schnittflächen jeweils 1 Min. braten. Mit Salz, Pfeffer und 1 Prise Zucker würzen.
2 120 ml **Weißwein** zugeben und zugedeckt bei milder Hitze 3–5 Min. dünsten. Chicorée
auf einer Platte anrichten und **50 g Blauschimmelkäse** darüberkrümeln.

Zubereitungszeit: 20 Minuten
Pro Portion: 6 g E, 12 g F, 4 g KH = 160 kcal (671 kJ)

Birnen-Quark-Taschen

Die Füllung ist der Hit: Quark und Birnen ergeben ein **fruchtig-cremiges Highlight** in handlich zusammengefalteten Taschen

FÜR 8 STÜCK:

350 g feste, reife Birnen

2 El Zitronensaft

6 El Zucker

½ Tl Zimt

3 El Vanillepuddingpulver

250 g Magerquark

4 El Öl

4 El Milch

1 Ei (Kl. M, getrennt)

Salz

200 g Mehl

2 Tl Backpulver

1 Birnen schälen, vierteln, entkernen und quer in 3 mm dicke Scheiben schneiden. Mit Zitronensaft, 50 ml Wasser, 1 El Zucker und Zimt in einem Topf mischen und aufkochen. 1 El Puddingpulver mit 2 El Wasser verrühren, unter die Birnen rühren und alles erneut aufkochen. Lauwarm abkühlen lassen.

2 125 g Quark mit 2 El Puddingpulver und 1 El Zucker verrühren.

3 125 g Quark, Öl, Milch, Eiweiß, 1 Prise Salz und 4 El Zucker verrühren. Mehl und Backpulver mischen, zugeben und alles mit den Knethaken des Handrührers zu einem glatten Teig verkneten.

4 Teig in 8 Stücke teilen. Diese auf einer bemehlten Fläche zu ca. 12 cm großen runden Fladen ausrollen. Teigfladen auf ein mit Backpapier ausgelegtes Blech legen. Auf eine Hälfte der Teigstücke je 1 El Quarkmasse und Birnenkompott geben. Die andere Teighälfte darüberklappen. Eigelb mit 1 El Wasser verquirlen. Oberseiten der Birnen-Quark-Taschen damit bestreichen.

5 Im vorgeheizten Ofen bei 180 Grad (Umluft 160 Grad) auf der mittleren Schiene 20 Min. backen.

Zubereitungszeit: 1 Stunde
Pro Stück: 8 g E, 6 g F, 43 g KH = 266 kcal (1115 kJ)

Lasagne klassisch

Grüße aus Italien: Nehmen Sie Tomaten, Hack und Lasagneblätter. Geben Sie **Béchamelsauce und Parmesan** darüber. Dann in den Ofen damit

FÜR 4 PORTIONEN:

2 Zwiebeln

1 Knoblauchzehe

3 El Öl

500 g gemischtes Hack

125 ml Rotwein

2 Dosen geschälte Tomaten in Stücken (à 425 g EW)

Salz

Pfeffer

Zucker

1 Tl getrockneter Oregano

1 Pk. Béchamelsauce (250 ml)

5 El Milch

250 g Mozzarella

50 g Parmesan

ca. 8 Lasagneblätter (ohne Vorkochen)

1 Zwiebeln und Knoblauch fein würfeln. 2 El Öl in einem großen Topf erhitzen. Hack darin krümelig und hellbraun anbraten. Zwiebeln und Knoblauch zugeben, 2 Min. mitbraten. Mit Rotwein ablöschen. Tomaten zugeben und kurz aufkochen. Mit Salz, Pfeffer, 1 Prise Zucker und Oregano würzen und beiseitestellen.

2 Béchamelsauce mit Milch verrühren. Mozzarella würfeln und Parmesan fein reiben.

3 Eine Auflaufform (20 x 20 cm) mit 1 El Öl fetten. 4 El Hacksauce in der Form verteilen. 2 Lasagneblätter darauflegen. ¼ der restlichen Hacksauce und je ¼ Béchamelsauce, Mozzarella und Parmesan auf den Blättern verteilen. Die restlichen Zutaten ebenso einschichten.

4 Im vorgeheizten Ofen bei 190 Grad auf der mittleren Schiene ca. 30 Min. goldbraun backen (Umluft nicht empfehlenswert).

Zubereitungszeit: 1:25 Stunden
Pro Portion: 46 g E, 60 g F, 30 g KH = 855 kcal (3593 kJ)

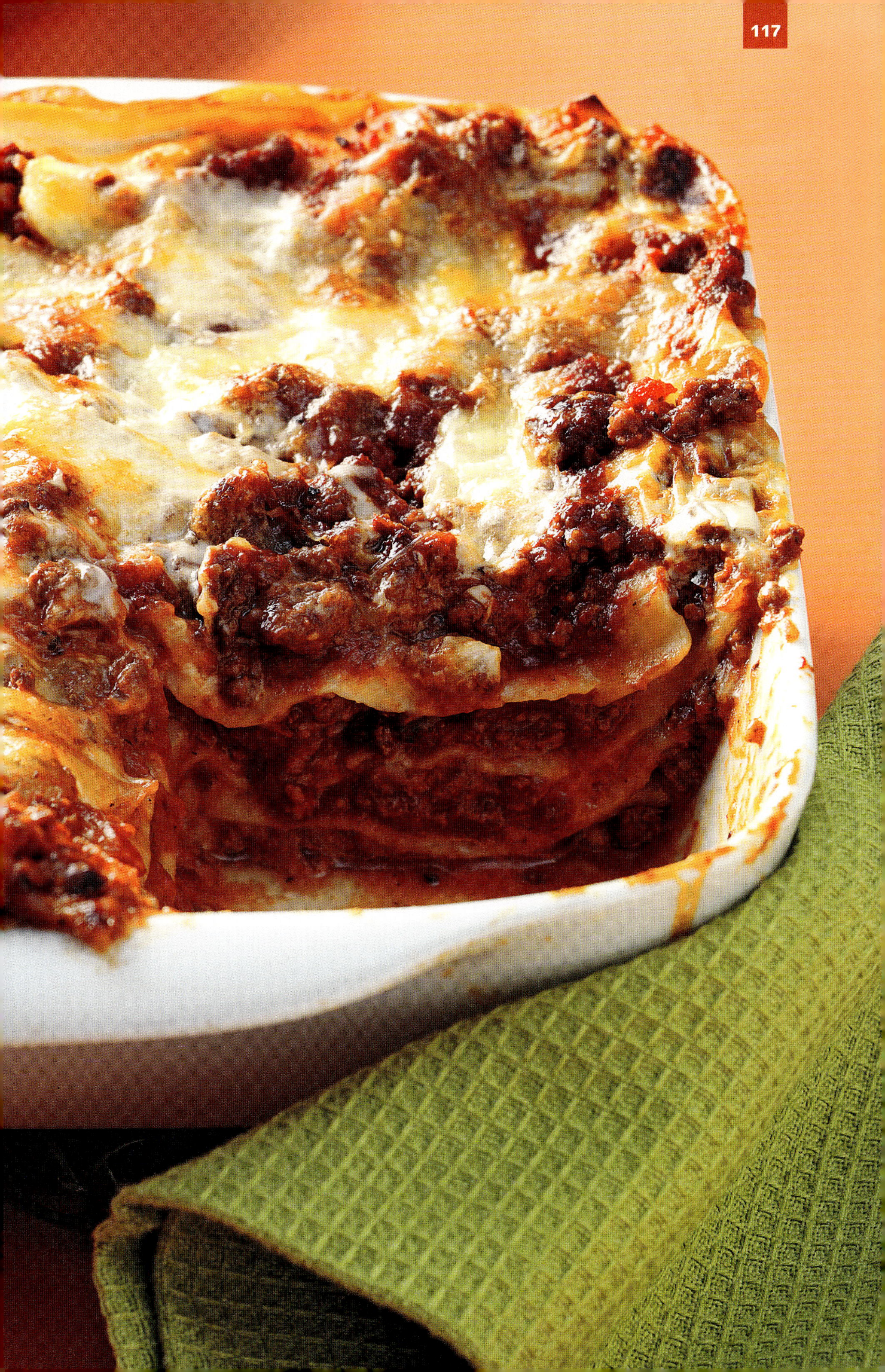

Ananasflammeri

Der **klassische Grießflammeri** schmückt sich hier mit exotischer Ananas und Kokosflocken

Für 4 Portionen: **1** **1 Dose Ananas in Stücken** (425 g EW) abgießen, dabei den Saft auffangen. **2** **250 ml Milch**, **1 El Zucker** und **2 El Kokosflocken** aufkochen. **30 g Hartweizengrieß** unter Rühren einrieseln lassen, einmal aufkochen und von der Herdplatte nehmen. 5 Min. quellen lassen, dabei ab und zu umrühren. Den Grießbrei in eine Schüssel geben und abkühlen lassen, dabei mehrfach umrühren. **3** **100 ml Schlagsahne** steif schlagen. Grießbrei mit 3 El vom Ananassaft geschmeidig rühren. Sahne und die Hälfte der Ananasstücke unterheben. **4** Flammeri in 4 Schälchen füllen. Mit **2 El gerösteten KokosChips** (oder Kokosraspeln) und restlicher Ananas garnieren.

Zubereitungszeit: 20 Minuten (plus Quell- und Kühlzeit)
Pro Portion: 4 g E, 16 g F, 31 g KH = 292 kcal (1223 kJ)

Griechischer Bauernsalat

Der Renner **auf jeder Grillparty!** Schmeckt auch toll mit Reis

Für 4 Portionen: 1 **400 g Salatgurke** schälen, halbieren und in grobe Stücke schneiden. **600 g Tomaten** achteln. **1 Zwiebel** in Ringe schneiden. **500 g gelbe Paprikaschoten** putzen und in grobe Streifen schneiden. **250 g Feta** grob zerkrümeln. Von **¼ Bund Oregano** (oder Petersilie) die Blätter abzupfen und grob hacken. **2** Alle Zutaten und **100 g schwarze Oliven** (mit Stein) in eine Schüssel geben. **2 Knoblauchzehen** fein hacken, mit **3 El Zitronensaft, 6 El Olivenöl,** Salz, Pfeffer und 1 Prise Zucker verrühren. Vinaigrette zu den restlichen Zutaten geben und alles miteinander mischen.

Zubereitungszeit: 20 Minuten
Pro Portion: 14 g E, 36 g F, 12 g KH = 432 kcal (1811 kJ)

Schoko-Kokos-Bananen

Das **Dessert mit Glücksgarantie:** Bananen und Amaretti sorgen garantiert für gute Laune, die Kokosraspel sichern den Knusperspaß

FÜR 8 SPIESSE:

100 g Zartbitterschokolade

2 große Bananen

8 weiche Amaretti

2 El Kokosraspel

1 Schokolade in Stücke schneiden und im heißen Wasserbad schmelzen.

2 Bananen schälen und jeweils in 4 schräge Stücke schneiden. Amaretti und Bananenstücke vorsichtig auf 8 Holzspieße stecken.

3 Bananenspieße mithilfe eines Löffels mit Schokolade überziehen und mit Kokosraspeln bestreuen. Auf Backpapier legen, fest werden lassen und dann servieren.

Zubereitungszeit: 15 Minuten (plus Zeit zum Festwerden)
Pro Spieß: 2 g E, 6 g F, 14 g KH = 125 kcal (522 kJ)

AMARETTI MORBIDI
*Amaretti (auch „Bitterchen")
sind kleine Makronen aus
süßen und bitteren Mandeln.
Es gibt sie in weicher
Konsistenz (morbidi) und
auch knusprig. Manchmal
sind sie in Papier hübsch
verpackt. Erfunden hat sie
ein italienischer Zuckerbäcker
Mitte des 17. Jahrhunderts.*

Mitternachtssuppe

Einmal auftanken bitte: Die Suppe aus zartem Rindfleisch, Kartoffeln und jeder Menge Gemüse **schmeckt schön herzhaft** und gibt neue Kraft

FÜR 8–10 PORTIONEN:

1 kg Rindfleisch
aus der Keule

800 g Gemüsezwiebeln

100 g Schweineschmalz

4 Knoblauchzehen

Salz

Pfeffer

2 El edelsüßes
Paprikapulver

1 El rosenscharfes
Paprikapulver

800 ml heiße Fleischbrühe

600 g grüne und rote
Paprikaschoten

600 g Kartoffeln

2 Dosen Pizzatomaten
(à 400 g EW)

1 Fleisch in kleine Würfel schneiden. Zwiebeln klein würfeln. Fleisch bei starker bis mittlerer Hitze in einem großen Topf in 4 Portionen in je 20 g Schmalz rundum braun anbraten und herausheben. Zwiebeln im restlichen Schmalz glasig braten.

2 Knoblauch dazupressen, Fleisch mit ausgetretenem Saft zugeben und kräftig mit Salz, Pfeffer und beiden Paprikapulvern würzen. Brühe zugeben und zugedeckt bei milder Hitze 45 Min. kochen lassen.

3 Inzwischen die Paprikaschoten vierteln, entkernen und waschen. Viertel quer in schmale Streifen schneiden. Kartoffeln schälen und in 1 cm dicke Stifte schneiden oder hobeln.

4 Paprika, Kartoffeln und Tomaten zur Suppe geben, zugedeckt aufkochen und bei milder Hitze weitere 45 Min. kochen lassen. Suppe evtl. nachwürzen.

Zubereitungszeit: 2 Stunden
Pro Portion (bei 10): 23 g E, 14 g F, 13 g KH = 287 kcal (1200 kJ)

Tipp!

Wenn Sie die Suppe nicht gleich servieren, am besten draußen, z. B. auf dem Balkon, abkühlen lassen. Dazu ein Drahtgitter oder zwei Kochlöffel unter den Topf legen, damit die Kälte gleichmäßig zirkuliert.

Überbackenes Rinderfilet

Die befriedigendste Form Bruschetta zu genießen: Knoblauchbrot mit Filetsteaks, überbacken **mit Tomaten und Roquefort**

Für 4 Portionen: 1 3 reife Tomaten in 16 Scheiben schneiden. **120 g Roquefort** in 8 Scheiben schneiden. **8 Rinderfiletsteaks** (à 75 g, 2 cm dick) in einer Pfanne in je **2 El heißem Öl** von beiden Seiten 1 Min. scharf anbraten. Mit Salz und Pfeffer würzen. Filets auf ein Blech setzen. Mit den Tomaten- und Käsescheiben belegen. **2** Im vorgeheizten Ofen bei 220 Grad auf der 2. Schiene von oben 8–10 Min. backen (Umluft nicht empfehlenswert). Inzwischen **½ Ciabatta** waagerecht halbieren, dann in 8 Stücke teilen, auf dem Brötchenaufsatz des Toasters rösten. Scheiben mit **1 gepellten Knoblauchzehe** abreiben, mit **4 El Olivenöl** beträufeln. Fleisch auf dem Brot servieren.

Zubereitungszeit: 30 Minuten
Pro Portion: 44 g E, 31 g F, 34 g KH = 590 kcal (2484 kJ)

Radieschen-Petersilien-Suppe

Frühlingshafter Menüeinstieg mit cremiger Suppe. Das Besondere: Frisches Radieschengrün verleiht ihr zarte Schärfe

Für 4 Portionen: **1** **1 Bund Radieschen** putzen, in dünne Scheiben schneiden. Die inneren Blättchen fein hacken. Blätter von **1 Bund Petersilie** abzupfen und hacken. **1 Zwiebel** fein würfeln, mit ⅔ der Radieschen in **1 El zerlassener Butter** andünsten. **600 ml Gemüsebrühe** zugießen, aufkochen und zugedeckt 5 Min. bei milder Hitze kochen lassen. **2** Petersilie (bis auf 2 El) und Radieschengrün zugeben und am besten im Küchenmixer sehr fein pürieren. Mit **150 ml Schlagsahne** erneut kurz aufkochen. **3 El Kartoffelpüreeflocken** einrühren, 1 Min. ziehen lassen. Suppe mit Salz, Pfeffer und **Muskat** würzig abschmecken. Mit übrigen Radieschenscheiben und Petersilie anrichten.

Zubereitungszeit: 25 Minuten
Pro Portion: 3 g E, 15 g F, 8 g KH = 175 kcal (733 kJ)

Reisauflauf mit Schattenmorellen

Große und Kleine werden diesen Nachtisch lieben! Kirschen mit saftigem Milchreis überbacken. **Ein heißes Vergnügen**

FÜR 4 PORTIONEN:

100 g Milchreis

400 ml Milch

Salz

1 Bio-Orange

1 Glas Schattenmorellen (370 g EW)

3 Tl Speisestärke

2 Eier (Kl. M, getrennt)

2 El Zucker

1 Tl weiche Butter

1 Reis mit Milch und 1 Prise Salz aufkochen. Bei sehr milder Hitze zugedeckt unter gelegentlichem Rühren 25–30 Min. quellen lassen. Dann in eine Schüssel geben und vollständig abkühlen lassen.

2 1 Tl Orangenschale fein abreiben und die Orange auspressen. Kirschen abgießen, den Saft dabei auffangen. 250 ml davon aufkochen. 5 El Orangensaft mit der Speisestärke verrühren und in den kochenden Kirschsaft rühren. Kirschen untermischen und mit dem Saft in eine große (ca. 25 x 20 cm) oder in vier kleine (ca. 10 cm Ø) gefettete Formen geben.

3 Eiweiße und 1 Prise Salz mit den Quirlen des Handrührers steif schlagen. Nach und nach den Zucker einrieseln lassen. 2 Min. weiterschlagen, bis eine cremig-feste Masse entsteht. Erst die Eigelbe, dann den Eischnee in mehreren Portionen unter den kalten Reis heben. Den Reis vorsichtig auf die Schattenmorellen geben. Butter in Flöckchen darüber verteilen.

4 Im vorgeheizten Ofen bei 180 Grad (Umluft 160 Grad) auf der untersten Schiene 25 Min. backen.

Zubereitungszeit: 1 Stunde (plus Kühlzeit)
Pro Portion: 9 g E, 8 g F, 65 g KH = 390 kcal (1634 kJ)

Mandelbällchen

Egal, ob draußen Schnee liegt oder nicht – die mit Puderzucker bestäubten Mandelbällchen **versüßen jeden Winterabend**

FÜR CA. 20 STÜCK:

60 g Butter

Salz

6–8 Tropfen Bitter-mandelaroma

150 g Mehl

3 Eier (Kl. M)

3 El gehackte Mandeln

1 l Öl zum Frittieren

4 El Puderzucker

1 250 ml Wasser, Butter, 1 Prise Salz und Bittermandelaroma aufkochen. Mehl auf einmal zugeben und so lange rühren, bis der Teig zum Kloß wird und sich am Topfboden ein weißer Belag bildet.

2 Den Teig in eine Schüssel geben und lauwarm abkühlen lassen. Eier nacheinander mit den Quirlen des Handrührers unterrühren. Mandeln untermischen.

3 Öl in einem tiefen Topf oder in der Fritteuse erhitzen. Teig portionsweise mit zwei geölten Esslöffeln abstechen und vorsichtig ins heiße Fett gleiten lassen. Portionsweise ca. 3–4 Min. goldbraun ausbacken. Die Bällchen auf Küchenpapier abtropfen lassen und anschließend mit Puderzucker bestäuben. Lauwarm servieren.

Zubereitungszeit: 50 Minuten
Pro Stück: 1 g E, 9 g F, 7 g KH = 121 kcal (510 kJ)

Pilz-Kratzete

Kaiserschmarren auf Schwäbisch: Zerrissene oder **„zerkratzte"** Pfannkuchen heißen in Baden-Württemberg Kratzete, hier herzhaft mit Pilzen

Für 4 Portionen: 1 **200 g Mehl**, **4 Eier** (Kl. M), **300 ml Milch**, **½ Tl Backpulver** und 1 Prise Salz glatt rühren. 10 Min. quellen lassen. **2** **200 g Pfifferlinge** und **200 g Champignons** putzen und je nach Größe längs halbieren. **1 Zwiebel** fein würfeln. **2 El Öl** in einer Pfanne erhitzen, Pilze und Zwiebeln zugeben und von allen Seiten goldbraun braten. **300 ml Sahne-Champignonsauce** (Tetrapak) und **3 El Weißwein** zugeben. Aufkochen und 1 Min. köcheln lassen. Evtl. etwas gehackte **Petersilie** untermischen und mit Salz und Pfeffer abschmecken. **3** **1 El Öl** in einer beschichteten Pfanne erhitzen, ¼ des Teigs zugeben und bei mittlerer bis starker Hitze von der Unterseite goldbraun backen. Umdrehen und von der anderen Seite goldbraun backen. Dabei den Pfannkuchen mit zwei Pfannenwendern in grobe Stücke zupfen. Mit dem restlichen Teig ebenso verfahren. Die Kratzete mit der Pilzsauce servieren. Evtl. mit Petersilie garnieren.

Zubereitungszeit: 30 Minuten
Pro Portion: 17 g E, 42 g F, 42 g KH = 625 kcal (2610 kJ)

Avocadocreme

Im Glas macht sich die **grüne Vorspeise** besonders gut. Obendrauf kommt eine Sauce aus Tomaten, Basilikum und Limette

Für 4 Portionen: **1** **1 Bio-Limette** heiß abspülen und die Hälfte der Schale fein abreiben. Limette auspressen und 2 El Saft mit **6 El Öl**, Salz, Pfeffer und 1 Prise Zucker verrühren. **2** **2 Tomaten** vierteln, entkernen und das Fruchtfleisch würfeln. Mit **1 El gehacktem Basilikum** zur Sauce geben und 15 Min. ziehen lassen. **3** **2 Avocados** (à ca. 230 g) halbieren, Stein entfernen und das Fruchtfleisch mit einem Esslöffel herausheben. Mit **150 g Magermilchjoghurt** pürieren und mit der abgeriebenen Limettenschale, 1 El Limettensaft, Salz, Pfeffer und 1 Prise Zucker würzen. **4** Avocadocreme in Gläser füllen, Sauce darübergeben und mit geröstetem Brot servieren.

Zubereitungszeit: 35 Minuten
Pro Portion: 4 g E, 35 g F, 6 g KH = 354 kcal (1483 kJ)

Schweineroulade mit Pflaumenmus

Richtig gewickelt: Aus Schnitzeln werden mit Pflaumenmus und Majoran köstliche Rouladen. Und bitte den **Speckmantel** nicht vergessen!

FÜR 4 PORTIONEN:

- 1 Bund Frühlingszwiebeln
- 4 dünne Schweineschnitzel (à 120 g)
- Salz
- Pfeffer
- 8 Scheiben Frühstücksspeck (Bacon)
- 4 Tl Pflaumenmus
- 2 Tl getrockneter Majoran
- 3 El Öl
- 300 ml Fleischbrühe
- 200 ml Apfelsaft
- dunkler Saucenbinder

1 Frühlingszwiebeln putzen. Das Weiße und Hellgrüne in 6 cm lange Stücke schneiden. Schnitzel in einem Gefrierbeutel einzeln mit einem Stieltopf flach klopfen und rundum mit Salz und Pfeffer würzen.

2 Speckscheiben paarweise auf die Arbeitsfläche legen. Je 1 Schnitzel darauflegen, mit je 1 Tl Pflaumenmus bestreichen und mit je ½ Tl Majoran bestreuen. Frühlingszwiebeln quer auf den Schnitzeln verteilen. Schnitzel zusammen mit dem Speck von der kurzen Seite her aufrollen, mit je 1 Holzspießchen feststecken.

3 Öl in einem Bräter erhitzen. Rouladen darin rundherum goldbraun anbraten. Brühe und Apfelsaft zugeben, zugedeckt aufkochen und bei milder Hitze 1 Std. schmoren.

4 Rouladen aus dem Schmorfond nehmen und warm stellen. Fond aufkochen und mit Saucenbinder binden. Mit den Rouladen servieren.

Zubereitungszeit: 1:25 Stunden
Pro Portion: 32 g E, 18 g F, 13 g KH = 354 kcal (1483 kJ)

Tipp!

Rouladen und Sauce können Sie prima einfrieren.

Überbackene Tacos

Pfefferschote, Zwiebel und Knoblauch heizen der Füllung aus Bohnen und Putengeschnetzeltem ordentlich ein

FÜR 4 PORTIONEN:

1 Dose Kidneybohnen
(425 g EW)

2 Zwiebeln

1 rote Pfefferschote

400 g Putengeschnetzeltes

3 El Öl

2 Knoblauchzehen

100 g Schmand

Salz

Pfeffer

1 Pk. Soft-Tacos
(8 Stück, 300 g)

1 Pk. geschälte Tomaten in
Stücken (500 g EW)

1–2 Tl getrockneter
Oregano

75 g Käsemischung mit
Cheddar (geraspelt)

1 Bohnen in einem Sieb kalt abspülen und abtropfen lassen. Zwiebeln würfeln. Pfefferschote mit den Kernen in feine Ringe schneiden. Putenfleisch in 2 Portionen in je 1 El heißem Öl rundherum braun anbraten, herausheben. Zwiebeln in 1 El Öl glasig dünsten, Pfefferschote zugeben, Knoblauch dazupressen. Beides unter Rühren kurz mitbraten.

2 Fleisch, Zwiebelmischung und Bohnen mischen. Schmand unterrühren, salzen und pfeffern. Fleisch-Bohnen-Masse in eine Schüssel geben.

3 Tacos nach Packungsanweisung erwärmen. Je 2–3 El Fleisch-Bohnen-Masse als Streifen darauf verteilen und in die Tacos einrollen. Tacos in eine oder zwei ofenfeste Formen geben.

4 Tomaten mit Oregano würzen, erhitzen, salzen und pfeffern. Zwischen den Tacos verteilen. Alles mit Käse bestreuen und im vorgeheizten Ofen bei 200 Grad auf dem Rost auf der mittleren Schiene 15–20 Min. goldbraun überbacken (Umluft nicht empfehlenswert).

Zubereitungszeit: 45 Minuten
Pro Portion: 41 g E, 28 g F, 50 g KH = 625 kcal (2614 kJ)

Möhren-Schichteintopf

Der Pichelsteiner stand zwar Pate für unseren Schichteintopf, aber durch Pute ist er wesentlich **schlanker als das Original**

Für 4 Portionen: **1** **500 g Möhren** und **400 g Kartoffeln** schälen und in dünne Scheiben schneiden. **250 g Spitzkohl** putzen, den harten Strunk entfernen, Kohl in feine Streifen schneiden. Die Gemüse getrennt mit Salz, Pfeffer und etwas **gemahlenem Kümmel** würzen. **2** **800 g Putenoberkeule** ca. 1,5 cm groß würfeln, dabei alle Sehnen und Fett entfernen. In **1 El heißem Öl** rundherum scharf anbraten, mit Salz, Pfeffer und gemahlenem Kümmel würzen. Jeweils die Hälfte vom Fleisch und vom Gemüse in einen Bräter schichten. Übriges Fleisch und Gemüse ebenso einschichten. **3** **800 ml Geflügelfond** und **3 El Zwiebelsuppenpulver** aufkochen und darübergießen. Zugedeckt im vorgeheizten Ofen bei 200 Grad (Umluft 180 Grad) auf der untersten Schiene 40–45 Min. garen. Dabei nicht umrühren. Mit **2 El gehackter Petersilie** bestreut servieren.

Zubereitungszeit: 1:15 Stunden
Pro Portion: 38 g E, 18 g F, 20 g KH = 400 kcal (1676 kJ)

Ligurischer Nudelsalat

Ligurien – das ist die Heimat von **Hähnchen, getrockneten Tomaten und Oliven.**
Lassen Sie sich in eine der schönsten Regionen Italiens entführen

Für 4 Portionen: 1 **250 g Gabelspaghetti** in reichlich kochendem Salzwasser nach Packungsanweisung garen. 4 Min. vor Ende der Garzeit **300 g TK-Brechbohnen** zugeben, aufkochen und zusammen zu Ende garen. Beides abgießen, abschrecken und sehr gut abtropfen lassen. **2** Inzwischen das Fleisch von **½ gegrillten Hähnchen** (650 g) ablösen und würfeln. **80 g abgetropfte getrocknete Tomaten** (in Öl) würfeln. **1 Glas Oliven mit Mandelfüllung** (140 g EW) abtropfen lassen und halbieren. **3** **150 ml Gemüsebrühe**, **3–4 El Pesto** (Glas) und **3 El Obstessig** verrühren. Kräftig mit Salz und Pfeffer würzen. **3 El Olivenöl** unterschlagen. Sauce erst mit den Bohnen-Nudeln, dann mit Hähnchenfleisch, Tomaten und Oliven mischen. Nudelsalat mind. 30 Min. durchziehen lassen.

Zubereitungszeit: 30 Minuten (plus Zeit zum Durchziehen)
Pro Portion: 38 g E, 33 g F, 48 g KH = 649 kcal (2717 kJ)

Laugenbuletten

Aromatisch und schnell fertig: Diese Buletten werden mit einer Laugenstange aufgepeppt. Die gibt Volumen und vor allem viel Geschmack

FÜR 4 PORTIONEN:

1 Laugenstange
vom Vortag (80 g)

100 ml Milch

2 Zwiebeln (80 g)

4 El Butterschmalz

1 Tl Kümmelsaat

3 El gehackte Petersilie

500 g gemischtes Hack

1 Ei (Kl. M)

2 El süßer Senf

Salz

Pfeffer

1 Salzkörner von der Laugenstange abkratzen. Laugenstange in kleine Würfel schneiden. Milch erhitzen, über die Brotwürfel geben und beiseitestellen.

2 Zwiebeln fein würfeln und in 2 El heißem Butterschmalz bei mittlerer Hitze glasig dünsten. Kümmel und Petersilie zugeben und kurz mitbraten.

3 Hack, Ei, Senf, Salz und Pfeffer in eine Schüssel geben. Laugenstangenwürfel und Zwiebelmischung zugeben und alles mit den Händen zu einem glatten Teig verkneten.

4 Mit geölten Händen 8 Buletten formen und in einer großen Pfanne in 2 El Butterschmalz bei mittlerer Hitze auf jeder Seite 5 Min. braten.

Zubereitungszeit: 30 Minuten
Pro Stück: 14 g E, 19 g F, 8 g KH = 267 kcal (1117 kJ)

Tofupäckchen

Wir haben Mangold und Blumenkohl mit Tofu und Rosinen hübsch verpackt. Auch wenn Sie nicht Geburtstag haben: **Guten Appetit!**

FÜR 8 STÜCK:

200 g Mangold

200 g Blumenkohl

2 Frühlingszwiebeln

8 El Öl

50 g Rosinen

2 El Sojasauce

2 El Sesamöl

200 g Tofu

8 große Blätter Frühlingsrollenteig

1 Eiweiß (Kl. M)

1 Mangold putzen, die Blätter in dünne Streifen, den Strunk in kleine Würfel schneiden. Blumenkohl in sehr kleine Röschen schneiden. Das Weiße und Hellgrüne der Frühlingszwiebeln in dünne Ringe schneiden.

2 2 El Öl erhitzen. Gemüse darin rundherum 3–4 Min. braten. Rosinen, Sojasauce und Sesamöl unterrühren. Lauwarm abkühlen lassen.

3 Tofu in 8 gleich große Stücke schneiden. Je 2 El vom Gemüse auf die Teigblätter geben und 1 Tofuwürfel daraufsetzen. Die Teigränder mit Eiweiß bestreichen und die Teigecken nacheinander eng über den Tofu legen. Insgesamt 8 Tofupäckchen herstellen.

4 Restliches Öl in einer großen beschichteten Pfanne erhitzen und die Tofupäckchen darin rundherum ca. 8–10 Min. bei mittlerer Hitze braten.

Zubereitungszeit: 35 Minuten
Pro Stück: 7 g E, 16 g F, 20 g KH = 262 kcal (1097 kJ)

Pikanter Grießauflauf

In Italien verwendet man gern Maisgrieß – die Polenta – als Beilage. Wir nehmen
für den Auflauf **Hartweizengrieß,** der dazu ebenfalls ideal ist

Für 4 Portionen: 1 **500 ml Milch**, **130 g Hartweizengrieß** und **½ Tl Salz** in einen
Topf geben, gut mit einem Schneebesen verrühren und unter gelegentlichem Rühren
zum Kochen bringen. Auf milde Hitze zurückschalten und 5 Min. unter Rühren kochen
lassen. Von der Herdplatte nehmen und zugedeckt weitere 10 Min. ziehen lassen.
2 4 Auflaufförmchen (12 x 8 cm) fetten. **3** **50 g geriebenen Parmesan** und **20 g
Butter** unter den Grießbrei ziehen. Mit Salz, Pfeffer und **Muskat** kräftig würzen. **1 Eiweiß**
(Kl. M) und 1 Prise Salz mit den Quirlen des Handrührers steif schlagen und unter den
Grießbrei heben. Die Masse in die Auflaufförmchen füllen und jeweils mit **1 El geriebenem
Parmesan** bestreuen. **4** Grießauflauf im vorgeheizten Ofen bei 200 Grad (Umluft
180 Grad) auf einem Blech auf der oberen Schiene 5–7 Min. überbacken. Der Käse soll
geschmolzen und leicht gebräunt sein.

Zubereitungszeit: 30 Minuten
Pro Portion: 16 g E, 19 g F, 28 g KH – 345 kcal (1446 kJ)

Nussflädle-Suppe

Kunst im Suppenteller: Gemahlene Haselnüsse verleihen der **badisch-schwäbischen Spezialität** ein wunderbares Aroma

Für 4 Portionen: **1** **100 g Mehl**, **25 g gemahlene Haselnusskerne** und 1 Prise Salz mischen. Mit **200 ml Milch** glatt rühren und **2 Eier** (Kl. M) untermischen. Aus dem Teig in einer Pfanne in insgesamt **2 El Butter** nacheinander 5 Pfannkuchen von ca. 20 cm Ø backen. Auf einen Teller stapeln. **2** **1,2 l Geflügelbrühe** aufkochen, **4 El Madeira** und etwas Salz und Pfeffer dazugeben. **3** Die Pfannkuchen aufrollen und in dünne Streifen schneiden. In 4 vorgewärmte Teller geben und die kochend heiße Brühe darübergießen. Mit **2 El Schnittlauchröllchen** garnieren.

Zubereitungszeit: 30 Minuten
Pro Portion: 10 g E, 15 g F, 24 g KH = 283 kcal (1186 kJ)

Knusper-Brownies

Sie kennen Besseres als **Schokokuchen?** Dann wird es höchste Zeit, dass Sie diese Brownies mit Knuspergarantie testen

FÜR 24 STÜCKE:

170 g Zartbitterschokolade
250 g Butter
6 Eier (Kl. M)
200 g Zucker
½ Tl Zimt
Salz
225 g Mehl
1 Pk. Florentiner Zauber (z. B. Mandel-Nuss von Schwartau)

1 Schokolade hacken und langsam mit der Butter in einem Topf zerlassen. Eier, Zucker, Zimt und ½ Tl Salz mit den Quirlen des Handrührers mind. 8 Min. sehr dick-cremig aufschlagen. Schokoladenmischung und Mehl kurz unterrühren.

2 Teig auf ein mit Backpapier ausgelegtes Blech oder in eine Auflaufform (30 x 20 cm) streichen. Im vorgeheizten Ofen bei 190 Grad (Umluft 170 Grad) auf der untersten Schiene 20 Min. backen. Florentiner Zauber gleichmäßig über den Teig streuen und weitere 5–8 Min. goldbraun backen.

3 Den Kuchen auf dem Blech bzw. in der Form auf einem Kuchengitter abkühlen lassen. In 5 x 5 cm große Würfel schneiden.

Zubereitungszeit: 55 Minuten (plus Kühlzeit)
Pro Stück: 4 g E, 14 g F, 22 g KH = 239 kcal (1000 kJ)

KNUSPER, KNUSPER, KNÄUSCHEN

Im Florentiner Zauber von Schwartau sind z. B. Mandeln, Cornflakes, Sonnenblumen- und Cashewkerne. Zusammen mit Zucker werden sie zum reinen Knusperspaß. Gibt's in den Varianten Mandel-Nuss, Schoko und Kokos (in gut sortierten Supermärkten, ca. 3 Euro).

Buletteneintopf

Heiß und herzhaft: Knusprige Minibuletten sind die **Highlights im deftigen Eintopf** mit Kartoffeln, Gurken und Frühlingszwiebeln

FÜR 4 PORTIONEN:

2 Scheiben Toastbrot

100 ml Milch

2 Bund Frühlingszwiebeln

500 g gemischtes Hack

75 g gewürfelter durchwachsener Speck

1 Ei (Kl. M)

Salz

Pfeffer

4 El Öl

500 g mittelgroße Kartoffeln

2 Salatgurken (700 g)

600 ml Gemüsebrühe

200 ml Schlagsahne

2 El gehackter Dill (evtl. TK)

1 Toast würfeln. Milch erhitzen, über die Toastwürfel geben, beiseitestellen. Frühlingszwiebeln putzen und waschen. Das Weiße und Hellgrüne von 2 Frühlingszwiebeln fein würfeln.

2 Hack, Speck, Ei, Zwiebelwürfel, Salz und Pfeffer in eine Schüssel geben. Toastwürfel zugeben. Mit den Händen zu einem glatten Teig verkneten. Mit geölten Händen 32 kleine Buletten formen. In 2 El heißem Öl in einer großen Pfanne rundherum goldbraun anbraten und beiseitestellen.

3 Das Weiße und Hellgrüne der restlichen Frühlingszwiebeln schräg in 4 cm lange Stücke schneiden. Kartoffeln schälen, längs vierteln, in kaltes Wasser legen. Gurken schälen, längs vierteln, Kerne entfernen, in 2 cm große Stücke schneiden.

4 Gurken in 2 El heißem Öl in einem großen Topf unter Rühren 3 Min. dünsten. Abgetropfte Kartoffeln und Frühlingszwiebeln unterrühren, salzen und pfeffern. Brühe und Sahne zugeben, zugedeckt aufkochen. 15 Min. bei milder Hitze kochen lassen.

5 Buletten zugeben. Weitere 5–10 Min. kochen, bis die Kartoffeln gar sind. Dill unterrühren. Evtl. nachwürzen.

Zubereitungszeit: 1 Stunde
Pro Portion: 35 g E, 55 g F, 32 g KH = 769 kcal (3223 kJ)

Schokoladen-Pfirsich-Auflauf

Süß und saftig: Die sommerlichen Pfirsiche versinken im Schokoteig – auf dieses **himmlische Dessert** sollten Sie nicht verzichten

Für 4 Portionen: 1 130 g Zartbitterschokolade fein hacken. 100 g der Schokolade in eine Schüssel geben, im warmen Wasserbad schmelzen und etwas abkühlen lassen. **2 3 Eier** (Kl. M) trennen. Eiweiße steif schlagen. **40 g sehr weiche Butter** und **40 g Zucker** schaumig schlagen. Eigelbe nacheinander je 1 Min. unterrühren. Flüssige Schokolade unterrühren. **100 g gehackte Haselnusskerne, 20 g Kakao, 1 gestr. Tl Backpulver** und 30 g gehackte Schokolade mischen und unter die Eigelbmischung rühren. Eischnee vorsichtig unterheben. **3** Teig in 4 gefettete Auflaufformen (à 14 cm Ø) füllen. **4 kleine Pfirsiche** (500 g) waschen, halbieren, entsteinen und in Spalten schneiden. Spalten leicht in den Teig drücken und mit **4 Tl Zucker** bestreuen. Im vorgeheizten Ofen bei 175 Grad (Umluft 160 Grad) auf der untersten Schiene 25–30 Min. backen.

Zubereitungszeit: 40 Minuten (plus Backzeit)
Pro Portion: 13 g E, 40 g F, 45 g KH = 598 kcal (2508 kJ)

Kalte Tomatensauce

Zwei Gründe, die für diese Sauce sprechen: Das Raspeln der Tomaten baut Stress ab. Und geschmacklich ist sie **eine Offenbarung**

Für 4 Portionen: 1 500 g reife, feste Strauchtomaten auf der groben Seite einer Haushaltsreibe reiben, bis nur noch die Schale übrig bleibt. Dafür die Reibe am besten in eine Schüssel stellen und die Tomaten unter festem Druck raspeln. **1 rote Zwiebel** fein würfeln. **8 El Olivenöl** und **2 El Paprikapaste** (z. B. Ajvar) in die Tomatenmasse rühren. Kräftig mit Salz und Pfeffer würzen. **2 400 g Spaghetti** in reichlich kochendem Salzwasser nach Packungsanweisung garen. Die Blätter von **1 Bund Basilikum** grob zerzupfen. Spaghetti abgießen und sofort unter die kalte Tomatensauce mischen. Basilikum unterheben und mit **40 g gehobeltem Parmesan** bestreuen.

Zubereitungszeit: 30 Minuten
Pro Portion: 17 g E, 27 g F, 73 g KH = 606 kcal (2537 kJ)

Orangen-Tiramisu

Ein Dessert, mit dem Sie Ihre **Familie oder Gäste** gleichermaßen beeindrucken werden. Nachschub bereithalten!

FÜR 4–6 PORTIONEN:

- 3 Bio-Orangen
- 100 g Löffelbiskuits
- 5 El Campari
- 250 g Mascarpone
- 125 g Speisequark
- 3 El Puderzucker
- 3 El brauner Zucker

1 2 Orangen gründlich schälen, längs vierteln und in dünne Scheiben schneiden. 1 Orange lauwarm waschen, 1 Tl Schale fein abreiben und den Saft auspressen (ca. 100 ml). Löffelbiskuits nebeneinander in eine Auflaufform (25 cm Ø) legen. Campari mit Orangensaft mischen und die Biskuits damit beträufeln. Die Orangenscheiben darüber verteilen.

2 Mascarpone, Quark, Puderzucker und die Orangenschale verrühren und über die Orangen geben. 1 Std. kalt stellen und mit braunem Zucker bestreut servieren.

Zubereitungszeit: 25 Minuten (plus Kühlzeit)
Pro Portion (bei 6): 6 g E, 21 g F, 35 g KH = 389 kcal (1628 kJ)

Tipp!

MASCARPONE ...

... ist ein Frischkäse aus Italien, der aus Sahne hergestellt wird. Es gibt ihn fertig abgepackt im Supermarkt oder lose auf dem Markt. Sie können ihn süß oder herzhaft würzen. Besonders lecker schmeckt er in Tiramisu.

Kartoffelbrötchen

Diese Brötchen lassen jede Bäckersemmel alt aussehen. Schmecken allein **mit Butter genauso gut** wie mit Schinken oder Marmelade

FÜR 4 PORTIONEN:

200 g Pellkartoffeln (vom Vortag)

1 Würfel Hefe (40 g)

Zucker

300 g Mehl

1 Tl Salz

2 El Olivenöl

1 8 Tontöpfe (ca. 5 cm Ø oder kleine Tassen oder 8 Mulden eines Muffinblechs) mit Backpapierstreifen auslegen.

2 Kartoffeln pellen und fein reiben. Hefe zerbröseln und mit 175 ml lauwarmem Wasser und 1 Prise Zucker verrühren.

3 Kartoffeln mit Mehl, Salz und Olivenöl mischen. Angerührte Hefe zugießen und alles mit den Knethaken des Handrührers zu einem glatten Teig verkneten. Abgedeckt an einem warmen Ort 45 Min. gehen lassen.

4 Den Teig auf einer bemehlten Arbeitsfläche vorsichtig mit den Händen durchkneten. In 8 gleich große Stücke teilen und in die Tontöpfe geben. Weitere 15 Min. gehen lassen. Anschließend im vorgeheizten Ofen bei 200 Grad (Umluft 180 Grad) auf der untersten Schiene 30 Min. backen. Lauwarm servieren.

Zubereitungszeit: 55 Minuten (plus Zeit zum Gehen)
Pro Stück: 4 g E, 2 g F, 30 g KH = 169 kcal (706 kJ)

Mediterraner Lammbraten

Mama wird Augen machen, wenn Sie ihr diesen Braten servieren. Keine Angst, er ist auch **für wenig kocherprobte Familienmitglieder geeignet**

Für 4 Portionen: 1 2 Knoblauchzehen in der Schale andrücken. **600 g Lammfilet** trockentupfen, rundherum salzen und pfeffern. In **2 El heißem Olivenöl** mit **4 Stielen Thymian** und Knoblauch rundherum 4 Min. anbraten. Alles auf ein Blech geben, im vorgeheizten Ofen bei 120 Grad auf der untersten Schiene 15 Min. weitergaren (Umluft nicht empfehlenswert). **2 400 g große Tomaten** kreuzweise einritzen, kurz in kochendes Wasser geben, abschrecken und häuten. Tomaten entkernen und grob hacken. **3 600 g Auberginen** putzen und in 2 cm große Würfel schneiden. In 2 Portionen in je **1–2 El heißem Olivenöl** bei starker Hitze rundherum goldbraun anbraten, salzen und pfeffern. Auberginen zum Fleisch geben. **4 2 El Zucker** in der Pfanne hellbraun karamellisieren. Tomaten und **100 ml Gemüsebrühe** zugeben, aufkochen, salzen und pfeffern. Auberginen untermischen. **3 El grob gehacktes Basilikum** zur Sauce geben und mit dem Fleisch anrichten.

Zubereitungszeit: 45 Minuten
Pro Portion: 33 g E, 15 g F, 15 g KH = 336 kcal (1406 kJ)

Maronencreme

Sahnige Sünde: egal, ob als Dessert oder für zwischendurch

Für 4 Portionen: **1** **200 g gegarte und geschälte Maronen, 200 ml Milch, 1 Pk. Vanillezucker** und **2 El Rum** in einem Topf aufkochen und 10 Min. bei milder Hitze zugedeckt köcheln lassen. Mit einem Pürierstab fein pürieren und vollständig abkühlen lassen. **2** Inzwischen **150 g kernlose blaue Weintrauben** waschen, abtrocknen und längs halbieren. Von **1 Bio-Orange** 1 Streifen Schale mit dem Sparschäler dünn abschälen und quer in feine Streifen schneiden. Mit **100 ml Orangensaft** und **2–3 Tl Honig** mischen und über den Trauben verteilen. **3** **100 ml Schlagsahne** halb steif schlagen und in mehreren Portionen unter das abgekühlte Maronenpüree heben.
In 4 Dessertgläser verteilen und mit den marinierten Trauben servieren.

Zubereitungszeit: 25 Minuten (plus Kühlzeit)
Pro Portion: 4 g E, 10 g F, 33 g KH = 247 kcal (1036 kJ)

Schoko-Fondue

Tauch-Vergnügen: Ob Obst oder Kekse – mit Schokomantel macht beides die ganze Familie süchtig. Für Kinder lässt man einfach den Alkohol weg

1 Schokolade fein hacken. Die Sahne aufkochen, über die Schokolade gießen und mit einem Schneebesen glatt rühren. Mit Alkohol aromatisieren. Dann in einen Fonduetopf oder in eine Schüssel im heißen Wasserbad geben, um die Schokolade warm und flüssig zu halten.

2 Nach Belieben das frische oder getrocknete Obst oder die Kekse mit Fonduegabeln oder Holzspießchen in die Schokolade tauchen. Zum Trocknen auf Backpapier legen.

Zubereitungszeit: 15 Minuten
Pro Portion: 7 g E, 34 g F, 53 g KH = 558 kcal (2338 kJ)

FÜR DEN EXTRA KNUSPERGENUSS...
...die Schokofrüchte und -kekse in gehackten Nüssen, Erdnüssen, Kokosraspeln oder Schokoladenraspeln wenden, solange die Schokolade noch flüssig ist, und dann trocknen lassen.

Register

Apfel-Schinken-Salat, Seite 98

Mitternachtssuppe, Seite 122

Laugenbuletten, Seite 138

Walnuss-Brownies, Seite 14

160

Schnell!

Einfach!

Lecker!

Neue Bücher mit
verdächtig leckerem Inhalt

Erhältlich im Frischeregal Ihres Buchhändlers

ISBN 978-3-8094-2277-8

ISBN 978-3-8094-2278-5

ISBN 978-3-8094-2269-3

ISBN 978-3-8094-2275-4

Impressum

Redaktion Monika Beer, Susanne Dickerhof-Kranz, Ulrike Hilgenberg, Antje Klein, Silke Propp-Frey, Sandra Rindchen, Wolfgang Robert Zahner

Artdirection Hans-Jürgen Polster

Fotos Matthias Haupt

Rezepte Achim Ellmer (Ltg.), Diane Dittmer, Cornelia Dümling, Anne Haupt, Marion Heidegger, Kay-Henner Menge, Oliver Trific

Styling Isabel de la Fuente, Meike Graf, Anke Grelik, Imke Mohr, Dörthe Schenk, Michaela Suchy, Tanja Trific, Tanja Wegener

Layout Dennis Middelmann

Bildbearbeitung MWW Repro GmbH

Projektleitung Dr. Frank Stahmer

Sonderausgabe für den Bassermann Verlag, ein Unternehmen der Verlagsgruppe Random House GmbH, 81673 München
Alle Rechte bei Gruner + Jahr AG & Co. KG, Hamburg

Druck und Bindung Mohn media Mohndruck GmbH, Gütersloh
Printed in Germany

Mix
Produktgruppe aus vorbildlich bewirtschafteten Wäldern und anderen kontrollierten Herkünften
www.fsc.org Zert.-Nr. SGS-COC-001425
© 1996 Forest Stewardship Council

Verlagsgruppe Random House FSC-DEU-0100
Das für dieses Buch verwendete FSC-zertifizierte Papier *Luxosamt* wurde produziert von Sappi Biberist und geliefert durch Schneidersöhne.
Alle Rechte vorbehalten

ISBN 978-3-8094-2534-2

9817 2635 4453 6271